청소년을 위한
친절한 로마사

청소년을 위한
친절한 로마사

2017년 11월 30일 초판 1쇄 발행

지은이 | 로버트 F. 페넬
옮긴이 | 박일귀
펴낸이 | 한승수
펴낸곳 | 문예춘추사

편집 | 정내현
마케팅 | 안치환
디자인 | 우디, 김연수

등록번호 | 제300-1994-16호
등록일자 | 1994. 1. 24

주소 | 서울시 마포구 동교로 27길 53 지남빌딩 309호
전화 | 02-338-0084
팩스 | 02-338-0087
E-mail | moonchusa@naver.com

ISBN 978-89-7604-351-1   44900
      978-89-7604-309-2 (세트)

ANCIENT ROME FROM THE EARLIEST TIMES DOWN TO 476 A.D.

청소년을 위한
친절한 로마사

로버트 F. 페넬 지음 | 박일귀 옮김

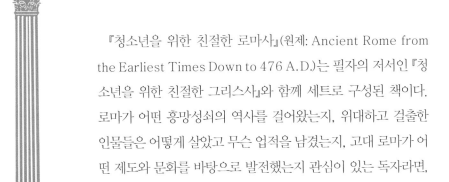

　『청소년을 위한 친절한 로마사』(원제: Ancient Rome from the Earliest Times Down to 476 A.D.)는 필자의 저서인 『청소년을 위한 친절한 그리스사』와 함께 세트로 구성된 책이다. 로마가 어떤 흥망성쇠의 역사를 걸어왔는지, 위대하고 걸출한 인물들은 어떻게 살았고 무슨 업적을 남겼는지, 고대 로마가 어떤 제도와 문화를 바탕으로 발전했는지 관심이 있는 독자라면, 이 책이 많은 도움을 줄 것이라 자부한다.

　특히 하버드 대학, 예일 대학, 뉴욕 주립 대학 등 미국의 유수 대학의 입학시험을 위한 교재로도 활용될 만큼 로마사의 핵심적인 내용들을 담고 있다는 것이 이 책의 장점이다. 그러므로 세계사를 공부하는 청소년부터 로마사에 관심을 갖고 입문하고자 하는 성인들까지 누구에게나 유익한 책이 될 것이다.

개정판인 이 책은 이전 판보다 전체적으로 새롭게 서술된 내용이 많다. 특히 최근의 연구 성과에 따라 필요한 경우에는 새로운 내용을 추가하기도 했다.

로버트 F. 페넬

'세계사는 곧 로마사이다.' 과장 섞인 말 같지만 전혀 틀린 말도 아니다. 오늘날의 서양 문명, 나아가 전 지구의 문명을 이해하려면 그 시초격인 고대 로마의 문명을 알아야 한다. 로마를 모르고서는 세계 문명을 이해했다고 말할 수 없다. '모든 길은 로마로 통한다.' 라는 옛 속담은 더 이상 옛 말이 아니다. 모든 길은 로마로 거슬러 올라가고 있다!

독일의 유명한 역사가 레오폴드 폰 랑케(Leopold von Ranke)는 일찍이 '로마는 호수와 같다'고 말했다. '많은 개울이 호수로 흘러가듯 로마 이전의 모든 역사는 로마로 흘러들어갔고, 로마 이후의 모든 역사는 다시 로마로부터 흘러나왔다.' 랑케는 오리엔트 문화와 그리스 · 헬레니즘 문화를 계승 · 융합시키고 이를 다시 유럽과 이슬람 세계로 전한 로마 문화의 보편성을 강조했다.

실제로 역사가 이를 증명한다. 로마의 정신을 이어받은 중세의 신성 로마 제국, 로마의 문화를 중요한 원천으로 삼은 이슬람 문화, 고대 문화를 부흥시켜 근대정신을 탄생케 한 르네상스, 신(新)

로마 제국의 부활을 꿈꾼 독일의 나치즘과 이탈리아의 파시즘, 하나의 유럽을 추구하는 EU 공동체까지 좋든 싫든 이 모두가 고대 로마의 문화와 정신에 그 뿌리를 두고 있다. 동로마 제국도 무려 15세기까지 동유럽과 중동, 북아프리카 지역에서 로마의 문화를 이어 왔다.

이처럼 로마사는 세계사에서 매우 중요한 위치를 차지한다. 로마는 법, 예술, 철학, 문학, 제도, 과학 기술 등을 탄생시킨 인류 근대 문명의 보고(寶庫)이기도 하다. 마키아벨리(Niccolò Machiavelli)의 『로마사 논고』, 에드워드 기번(Edward Gibbon)의 『로마 제국 쇠망사』, 테오도어 몸젠(Theodor Mommsen)의 『로마사』, 시오노 나나미(Shiono Nanami)의 『로마인 이야기』 등 오랜 시간 수많은 역사가와 사상가들이 그토록 로마사를 깊이 연구하고 성찰한 이유가 여기에 있다.

이탈리아반도의 어느 작은 언덕 도시에서 시작한 로마는 지중해를 둘러싸고 대제국을 이루기까지 1,000년 넘게 장대한 역사를 써 내려 왔다. 드넓은 들판 위에 어지러이 만발한 꽃무리처럼 방대하고도 복잡한 역사였다. 단순히 중요한 사건만 나열한다 해도 엄청난 분량이다. 그만큼 로마사를 읽어내기란 여간 부담스러운 일이 아니다.

고맙게도 로버트 F. 페넬(Robert F. Pennell)의 『청소년을 위한 친절한 로마사』는 로마사를 어떻게 읽어야 할지 막막한 독자들에게 좋은 안내자가 되어 준다. 유능한 이야기꾼인 페넬은 핵심 줄거리를 따라 로마사를 하나의 이야기로 엮어냈다. 재미있는 옛날이야기를 듣듯이 책을 죽 읽어 나가다 보면 어느새 로마사의 큰 그림이 머릿속에 들어온다. 이 책을 일독하면 좀 더 깊이 있는 로마사 읽기도 도전해 볼 수 있다.

이 책의 저자는 라틴어를 전공한 고전학의 대가이기도 하다. 그래서 고대 로마사에 등장하는 수많은 인물, 지명, 용어에 대한 풍부한 이해를 바탕으로 독자들에게 유용하고 재미있는 지식을 전달해 준다. 고등학교 교사와 사범학교 총장을 지낸 저자는 당시 하버

드 대학, 예일 대학 등 미국 명문 대학의 입학시험을 위한 역사 교
과서로도 이 책을 활용했다고 한다. 그만큼 로마사를 일목요연하
게 정리해 놓은 검증된 책이라 할 수 있다.

　아무쪼록 로버트 F. 페넬의 『청소년을 위한 친절한 로마사』가 독
자들, 특히 청소년 독자들이 로마사에 친숙해지고 인류 문명을 이
해하도록 돕는 데 친절한 안내자가 되길 진심으로 기대해 본다.

옮긴이 박일귀

■차례■

머리말   4

옮긴이의 말   6

제1부 로마의 탄생 ▶

01 이탈리아의 지리   16

02 초기 거주자들   22

03 로마인과 초기 정부   26

04 초기 로마의 성장   31

05 타르퀴니우스 왕조   37

제2부 로마 공화국의 발전 ▶

01 집정관과 호민관   42

02 트리부스회와 농지법   47

03 시민권을 위한 평민의 투쟁   50

04 삼니움 전쟁과 라티움 전쟁   58

05 피로스 전쟁   70

제3부 포에니 전쟁 ▶

01 제1차 포에니 전쟁   78

02 제1차 포에니 전쟁 이후   87

03 제2차 포에니 전쟁: 이탈리아 원정에서 칸나에 전투까지   92

04 제2차 포에니 전쟁: 칸나에 전투에서 자마 전투까지   103

05 마케도니아 전쟁   115

06 시리아 전쟁   120

07 마케도니아와 그리스 정복   125

08 제3차 포에니 전쟁과 카르타고의 멸망   131

09 누만티아 전쟁과 노예 전쟁   136

제4부 공화정의 위기와 몰락 ▶

01 그라쿠스 형제의 개혁   142

02 유구르타 전쟁   150

03 킴브리족과 테우토네스족   155

04 동맹시 전쟁   159

05 마리우스와 술라   164

06 폼페이우스와 크라수스   172

07 카이사르와 키케로   183

08 카틸리나의 역모 사건   191

09 제1차 삼두 정치   199

제5부 카이사르의 시대 ▶

01 카이사르의 갈리아 전쟁   204

02 클로디우스와 밀로의 싸움   216

03 파르살루스 전투   221

04 카이사르의 정복 활동   234

05 카이사르의 죽음   243

06 제2차 삼두 정치   247

제6부 로마 제국의 발전 ▶

01 아우구스투스의 등장   256

02 율리우스–클라우디우스 황조   264

03 플라비우스 황조   274

04 오현제 시대   278

트라야누스의 기둥

제7부 로마 제국의 멸망 ▶ 01 폭정의 시대　288

02 야만족의 침입　302

로마사 연표 ▶　311

제1부

로
마
의

탄
생

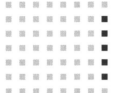

이탈리아의 지리

역사는 그 무대인 지리와 떼려야 뗄 수가 없다. 그러므로 로마사를 본격적으로 이야기하기 전에 먼저 역사적으로 중요한 지역을 중심으로 이탈리아의 지리를 살펴보도록 하겠다.

로마사의 주 무대인 이탈리아는 유럽 남부 지역에 기다랗게 뻗어 있는 반도로, 북위 38도와 46도 사이에 위치해 있다. 북쪽에 있는 알프스 산맥에서 반도의 남쪽 끝까지 거리는 약 720마일(1마일=약 1.6km)에 이른다. 동서의 폭이 가장 넓은 곳은 세인트 베르나르드부터 트리에스테 북부 언덕까지 너비가 약 330마일이다. 이탈리아의 전체 면적은 약 11만 제곱마일이다(한반도 면적의 1.5배가량 된다. - 옮긴이 주).

이탈리아반도의 북쪽에서 북서쪽까지 펼쳐져 있는 알프스 산맥은 유럽 대륙과 반도를 구분하는 경계 역할을 한다. 이 산맥 중 가장 넘기 쉬운 곳은 동쪽에 있는, '알프스의 보석'이라

크란스카고라에서 바라본 율리안 알프스

는 별명을 지닌 율리안 알프스이다. 그래서 고대에는 이 곳을 통해 북쪽의 야만족들이 이탈리아로 침입해 들어오는 경우가 많았다. 알프스산맥과 연결된 아펜니노산맥은 반도 전체에 걸쳐 뻗어 있다. 아펜니노산맥은 현재 이탈리아와 프랑스의 국경에 위치한 마리팀 알프스에서 시작해 동쪽 방향으로 아드리아 해에 이르고, 다시 해안을 따라 남동쪽으로 뻗어 있다. 이렇게 생긴 지형 때문에 이탈리아의 크고 작은 강들이 포 평원을 지나 동쪽의 바다인 아드리아 해가 아닌 서쪽의 바다인 티레니아 해로 흘러들어간다.

알프스산맥과 아펜니노산맥 사이에 있는 북부 이탈리

아에는 파두스 강(지금의 포 강)과 그 강의 지류들이 흐른다. 이 지역은 '갈리아 키살피나(Gallia Cisalpina, 알프스 이남의 갈리아)'라고 불렸는데, 지금의 롬바르디아 주와 대체로 일치한다. 파두스 강 북쪽에 있는 작은 하천 아디제 강은 아드리아 해로 흘러 들어간다. 파두스 강의 지류 중에 북쪽에 있는 티키누스 강과 남쪽에 있는 트레비아 강은 역사적으로 중요한 전투가 벌어졌던 장소이기도 하다.

북부 이탈리아에서 지중해에 접하고 있는 지역은 리구리아라는 산악 지대이다(오늘날의 리구리아 주에 해당한다). 이곳 해안에 제노바와 니케아(오늘날 프랑스의 니스)가 위치해 있었다. 알프스 산맥과 아드리아 해 사이에 있는 아디제 강의 북쪽 지역은 베네치아라고 한다. 이 지역에는 파타비움(파두아)과 아퀼레이아, 율리우스 포룸이 있었다.

갈리아 키살피나, 즉 알프스 이남의 갈리아 지방에는 번성한 도시들이 꽤 많은 편이었다. 파두스 강을 경계로 북쪽에는 베로나, 밀라노, 만투아, 안데스, 그리고 유명한 전투지인 베르켈라이 등이 있었다. 파두스 강 이남에는 아우구스타 타우리노룸, 플라켄티아, 파르마, 무티나, 라벤나 등이 위치했다. 아드리아 해로 흘러 들어가는 루비콘 강은 갈리아 지역의 동남쪽에서 흐르고 있다.

중부 이탈리아는 파두스 강과 루비콘 강 이남부터 아풀리아와 루카니아 지방에 이르는 전 지역을 가리킨다. 이 지역에서는 티베르 강, 아르누스 강, 리리스 강, 볼투르누스 강이 지중해로

오늘날의 티베르 강 모습

흘러들고, 메타우루스 강, 아에시스 강, 아테르누스 강은 아드리아 해로 흐른다.

중부 이탈리아에서 가장 중요한 지역은 티레니아 해에 접해 있는 라티움이었다. 라티움의 북쪽에는 에트루리아 지방이 티레니아 해에 접해 있었고, 남쪽에는 캄파니아 지방이 있었다. 아르디아 해안 쪽에는 움브리아, 피케눔, 삼니움 지방이 위치해 있었다.

라티움 지방에 있던 도시로는 티베르 강 근처의 로마와 티베르 강 하구에 위치한 항구 도시 오스티아가 대표적이다. 로마의 북서쪽으로 약 10마일 떨어진 곳에는 에트루리아인의 도시인 베이이가 있었고, 동남쪽으로 약 10마일 떨어진 곳에는 알바 롱가가 있었다. 남쪽으로 약 10마일 떨어진 곳의 해안가에는 라비니움이 있었고, 동

제1부 로마의 탄생　19

북동쪽에는 티부르가 있었다. 알바 롱가 근처에는 투스쿨룸이라는 도시와 알바노 호수가 위치했다. 그리고 라티움 남쪽 지역에는 해안가에 폰티노 습지가 펼쳐졌다. 로마 근처에는 레길리우스 호수가 자리했다.

에트루리아 지방에는 플로렌티아(지금의 피렌체), 파이술라이, 피사이(지금의 피사), 아레티움, 볼테라, 클루시움, 타르퀴니아 등의 도시가 있었고, 트라시메누스 호수가 위치해 있었다. 캄파니아 지방에는 카푸아, 네아폴리스(지금의 나폴리), 쿠아이, 바이아이, 헤르쿨라네움, 폼페이, 카우디움, 살레르눔, 카실리눔, 놀라 등의 도시가 있었다. 유명한 베수비우스 화산과 아베르누스 호수도 이 지역에 있다.

움브리아 지방에는 해안 지역에 아리미눔과 피사우룸이라는 도시가 위치해 있었고, 내륙 지역에는 센티눔과 카메리눔이 있었다. 메타우루스 강은 하스드루발이 포에니 전쟁 때 전투에서 패배한 곳으로도 유명하다.

피케눔 지방에는 안코나라는 도시가 있었고, 삼니움 지방에는 쿠레스와 베네벤툼이 있었다.

남부 이탈리아에는 아풀리아 지방, 아드리아 해 연안의 칼라브리아 지방, 티레니아 해 연안의 루카니아와 브루티움 지방 등이 속했다.

아풀리아 지방에는 유일하게 아우피두스 강 하나만 흐른다. 강 근처의 칸나에라는 도시에서도 유명한 전투가 치러졌다. 아르피, 아스쿨룸, 카누시움은 내륙에 있는 도시들이다.

칼라브리아(또는 이아피기아) 지방에는 브룬디시움과 타렌툼이라는 도시가 있었다.

루카니아와 브루티움 지방의 주요 도시들에는 그리스인들이 정착했다. 대표적인 도시로는 루카니아 지방의 헤라클레아, 메타폰툼, 시바리스, 투리이가 있었고, 브루티움 지방의 크로톤, 로크리, 레기움 등이 있었다.

이탈리아반도 근처의 섬들도 역사적으로 중요하다. 시칠리아 섬은 넓이가 약 1만 제곱마일(제주도 면적의 약 14배이다. – 옮긴이 주)이고 삼각형 모양이다. 고대 시인들은 이 섬을 세 개의 곶이 있다고 하여 '트리나크리아 섬'이라고도 불렀다. 시칠리아 섬에도 중요한 도시들이 있는데, 대부분 그리스인들이 세운 도시들이다. 시라쿠사, 아그리겐툼, 메사나, 카타나, 카마리나, 겔라, 셀리누스, 에게스타(또는 세게스타), 파노르무스, 레온티니, 엔나 등이 이에 해당한다. 시칠리아에는 산도 많은데 대표적으로 아에트나 산이 유명하다.

사르디니아 섬은 시칠리아 섬만큼이나 크기가 큰 반면, 코르시카 섬은 그보다 훨씬 작다. 일바(엘바) 섬은 코르시카 섬과 이탈리아 본토 사이에 위치해 있다. 이길리움 섬은 에트루리아 근처에 있는 작은 섬이다. 카프레아이 섬은 나폴리 만에서 볼 수 있을 만큼 육지와 가까이 있다. 스트롬볼리 섬과 리파라 섬은 시칠리아 섬의 북쪽에 위치해 있고, 아이가테스 제도는 서쪽에 자리하고 있다.

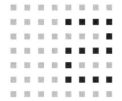

초기 거주자들

　지금까지 전해진 바에 따르면, 이탈리아의 초기 거주자들은 크게 이아피기아인, 에트루리아인, 이탈리아인 이렇게 세 민족으로 나뉜다. 이아피기아인은 이탈리아에 가장 먼저 정착한 민족이다. 북쪽 지방에서 내려온 것으로 추정되는 이아피기아인은 반도의 남동쪽인 칼라브리아 지방까지 밀려 내려왔다. 이 지역에서 그들은 대부분 그리스인에게 흡수되었다. 당시 이탈리아의 그리스인들은 반도 남쪽과 남동쪽 해안에 기원전 8~7세기에 정착했고 비교적 고도로 문명화되어 있었다.

　로마의 역사가 시작되는 초기에 에트루리아인들은 강인하고 호전적인 민족이었고, 이탈리아인보다 문명과 기술이 뛰어났다. 에트루리아인 역시 북쪽 지역에서 내려온 것으로 추정되는데, 처음에는 포 평원에 정착했다. 하지만 갈리아인의 침입으로 밀려나 남쪽의 에트루리아 지방으로 내려왔다. 여기서 에트루

에트루리아 예술의 대표작이라 할 수 있는 석관 장식

리아인들은 아르노 강과 티베르 강 사이에 12개의 도시 동맹을 형성했다. 이 가운데 잘 알려진 도시는 동맹의 대표인 볼시니를 비롯해 베이이, 볼라테라에, 카에레, 클루시움 등이다. 에트루리아인들은 이탈리아의 다른 지역으로도 흩어져 정착하지만 확고하게 자리를 잡지는 못했다. 에트루리아인은 일찍이 기원전 6세기에 로마를 손에 넣었고, 코르시카 섬도 수중에 있었다. 이들은 경제적으로 상업도 발전시켰다. 에트루리아인이 세운 기념비들은 온전한 상태로 발굴되었지만, 지금까지도 거기에 새겨진 문자를 해독하지 못하고 있다. 한편, 로마인들이 성장하면서 에트루리아인들은 점점 세력이 약해졌고, 결국 베이이라는 도시가 몰락한 이후 이 민족은 기원전 396년에 완전히 소멸되었다.

이탈리아인들은 아리안족에 속하는 헬레네스족과 기원이 같다. 이 아리안족은 초기에 스칸디나비아 반도에 살았을 것으로 추정된다. 그중 헬레네스족은 그리스에 정착한 반면, 이탈리아인들은 이탈리아반도로 들어왔다.

이탈리아인들은 눈에 띄게 문명의 진전을 이루었다. 농업과 건축 기술을 발전시켰을 뿐 아니라 수레와 배를 이용했고 불을 사용해 음식을 조리했다. 소금으로 음식을 방부 처리하는 방법도 알고 있었다. 구리와 은으로 다양한 무기와 장신구도 만들었다. 남편과 아내의 역할이 구분되었고 사람들은 씨족을 이루며 살았다.

이탈리아인 중 라틴족으로 알려진 사람들이 동쪽과 남쪽이 산으로 둘러싸인 평원에 정착했다. 서쪽은 티레니아 해가 접해 있고 북쪽은 에트루리아 지방의 고지대와 접해 있었다.

'라티움(평평한 지역)'이라고 불리는 이 평원은 넓이가 약 700 제곱마일 정도 된다. 해안의 길이는 50마일 정도인데 아직 좋은 항구는 없었다. 평원에는 티베르 강과 그 지류인 아니오 강이 흘렀다. 평원 여기저기에는 낮은 산과 언덕들이 솟아 있었다. 북동쪽에 소락테 산, 로마 근처에 야니쿨룸 언덕, 더 남쪽에는 알반산맥이 위치했다. 저지대(지금의 캄파냐 지방)는 말라리아에 쉽게 감염될 정도로 비위생적이었다. 그래서 초기 정착자들은

주로 높은 지대에 자리를 잡았다.

라티움에 최초로 세워진 도시는 알바였다. 이후로도 라누비움, 아리키아, 투스쿨룸, 티부르, 프라이네스테, 라우렌툼, 로마, 라비니움 등 여러 도시들이 생겨났다.

이들 30개의 도시들이 '라티움 동맹'이라는 연합체를 형성했고 알바를 대표 도시로 세웠다. 라티움 동맹은 알바니 구릉에서 매년 성대하게 축제를 벌였다. 축제 때는 모든 사람들이 함께 모여 유피테르 신에게 희생 제물을 바쳤다.

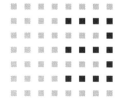

로마인과 초기 정부

앞에서 우리는 라틴족의 기원을 알아보았다. 라틴족은 라티움이라는 지방에 정착했고 수많은 도시들을 세워 나갔다. 지금부터는 라티움에 있는 도시들 가운데 앞으로 가장 번성하게 될 한 도시를 집중적으로 살펴보려고 한다.

티베르 강 하구에서 14마일 정도 거슬러 올라가면 단조로운 평지가 펼쳐진다. 그 평지에는 눈에 띄게 높은 한 무리의 언덕들이 모여 있다.* 그중 하나가 팔라티노 언덕인데, 이곳에 처음으로 라틴족의 한 부류인 람네스족이 정착했다. 람네스족은 점차 '로마족'으로 이름이 바뀌었다.

로마인들이 이곳에 정착한 시기는 정확히 알려져 있지 않다. 전설에 의하면, 기원전 753년이라고 한다.‡ 하지만 추측컨대, 이보다 훨씬 전에 정착했을 것으로 보인다. 로마의 최초 정착자들은 알바로부터 온 식민지인일 것으로 추정된다. 초기에 이들

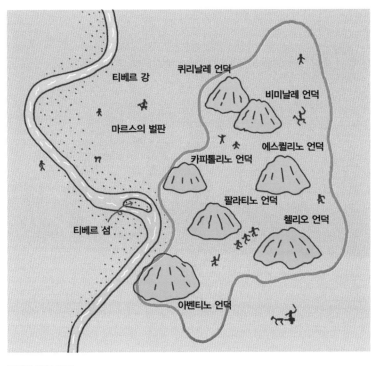

로마의 일곱 언덕

은 퀴리날레 언덕에 정착한 사비니족과 연합했다. 이렇게 형성된 새로운 부족의 이름은 티티에스족이었다. 루케레스족이라는 세 번째 부족은 정복당한 라틴족으로 구성되었을 것으로 보인다. 나중에 이들은 첼리오 언덕에 정착했다.

　로마족을 비롯한 역사상 초기의 공동체는 여러 씨족으로 이루어져 있었다. 로마인들은 이 씨족들을 '젠테스

＊ 로마에 있는 일곱 개의 언덕은 아벤티노 언덕, 첼리오 언덕, 카피톨리노 언덕, 에스퀼리노 언덕, 팔라티노 언덕, 퀴리날레 언덕, 비미날레 언덕이다.

✸ 로마의 탄생과 관련해 늑대의 젖을 먹고 자란 로물루스와 레무스 형제의 전설이 전해지고 있다. 두 형제는 로마의 시조로 여겨진다.

늑대의 젖을 먹는 로물루스와 레무스

(Gentes)' 라고 칭했고, 하나의 씨족을 '젠스(Gens)' 라고 불렀다.
젠스의 구성원은 같은 조상에서 내려온 사람들이었다.

각 가문의 우두머리는 '가부(Paterfamilias)' 라고 불렸다. 가부
는 자신의 가문에서 절대적인 권력을 소유했다. 심지어 가문 구
성원의 생사 문제까지 관여할 수 있었다.

초기의 로마 정부는 이들 가부로 구성되었고, 이들 중에 종
신직의 왕을 선출했다. 왕의 임무는 군대를 지휘하고, (제사장으
로서) 희생제를 주관하고, 가부들의 회의를 진행하는 것이었다.
이 가부들의 회의는 '원로원(Senate)' 이라고 불렸는데, 즉 원로
(元老)들의 회의를 뜻한다.

원로원은 원래 가부들의 전체 모임이었지만, 시간이 지나면
서 구성원의 수를 300명으로 제한했다. 원로원 의원은 종신직

이었고 왕이 임명했다. 나중에는 집정관(Consul)이 임명
했고, 한참 뒤에는 감찰관(Censor)이 선출했다. 기원전 1
세기 거의 100년 동안은 정무관직을 수행한 사람 모두
에게 원로원에 들어갈 수 있는 권한을 부여했다. 따라서
이 기간에는 원로원의 수가 300명을 훌쩍 뛰어넘었다.

앞에서 살펴보았듯이 로마족은 처음에 람네스족, 티
티에스족, 루케레스족 세 부족으로 이루어져 있었다. 각
부족은 다시 10개의 '쿠리아(Curiae)'로 나뉘었고, 각 쿠
리아는 다시 10개의 '젠테스(Gentes)'로 나누어졌다. 따
라서 로마족은 3개의 부족, 30개의 쿠리아, 300개의 젠
테스로 구성되었던 셈이다. 로마 시민이라면 어느 특정
가문에 속해 있었다. 모든 가문은 공통 조상의 이름을
딴 특정 '젠스'에 소속되었다. 그리고 모든 젠스는 특정
쿠리아에 소속되었고, 모든 쿠리아는 특정 부족에 포함
되었다.

앞서 로마 초기 정부에 왕이 존재했고, 그 왕을 보좌하
는 원로원이 있었다는 사실을 살펴보았다. 이외에도 로
마 시민들(무기를 들고 전쟁터에서 싸울 수 있는 사람들)* 로
구성된 의회가 존재했다. 시민들의 의회는 이따금씩 '코
미티움(Comitium)'이라는 사방이 둘러막힌 장소에서 진
행되었다. 코미티움은 함께 모이는 장소, 회의 장소라는
의미를 지니고 있다. 이 코미티움은 팔라티노 언덕과 퀴
리날레 언덕 사이에 있었고 근처에 포룸(광장 또는 시장)
이 있었다. 코미티움에서 열리는 이 의회는 '코미티아

* 이 시기에는 특정
가문에 소속되지 않
은 사람은 로마 시민
이 될 수 없었다. 로
마 시민이 아닌 사람
은 노예이거나 참정권
이 없는 사람이었다.

쿠리아타(Comitia Curiata, 쿠리아 회)'라고 불린다. 즉, 30개의 쿠리아가 모이는 민회이다. 이 회의는 기존의 법률을 바꾸고, 전쟁 혹은 평화를 선포하고, 원로원이 뽑은 왕을 인준하는 권한을 가지고 있었다. 각 쿠리아는 하나의 표결권을 가지고 있었고, 결정할 사항은 다수결을 따랐다.   .

초기 로마의 성장

초기 로마의 지위

라티움 동맹 안에서 로마라는 도시의 지위는 다른 도시들보다 우위에 있었다. 티베르 강 근처에 위치한 로마는 항해술이 발달하면서 자연스럽게 상업의 중심지가 되었다. 로마 시민들은 점차 부를 쌓게 되었는데, 부는 곧 군사력을 의미했다. 로마가 자리잡은 일곱 개의 언덕은 자연 요새였기 때문에 적을 쉽게 방어할 수 있었다. 그리하여 로마는 라틴족 가운데 가장 강력한 도시로 성장하였고, 다른 도시들과 갈등을 겪었을 때 상대방을 정복하고 영토를 빼앗는 것에 대해서도 양심의 가책을 별로 느끼지 않았다.

로마 제3대 왕인 툴루스 호스틸리우스 치세 기간에는

라티움 동맹의 대표였던 알바가 로마에 정복당했다. 제4대 왕인 안쿠스 마르키우스는 티베르 강을 따라 세워진 여러 도시들을 진압했다. 그리고 강 하구에 오스티아라는 식민 항구 도시를 세웠다.

이 시기(약 기원전 625년)에 '로마의 영토(ager Romanus, 로마령)'는 거의 250제곱마일이 되었고, 모양은 불규칙적이었다. 영토 대부분은 티베르 강 남쪽 유역에 해당되었는데, 강으로부터 10~12마일 떨어진 곳까지 펼쳐졌다. 그 이후로 거의 2세기 동안은 영토가 커지지 않았다.

로마의 신분 구조

로마를 세운 사람들과 그의 직계 후손들은 '귀족(Patrician)'이라고 불렀다. 귀족은 자신들만의 권리를 보호하기 위해 다른 모든 사람들과 구별되는 특권 계층을 형성했다.

귀족에 예속되어 있는 '예속 평민(Clinet)'이라는 계층도 있었다. 이들은 자유로운 신분이었지만 참정권은 없었으며, 자기가 예속된 귀족들을 모든 방면에서 보필하는 역할을 담당했다. 귀족은 그에 대한 보답으로 예속 평민을 보호해 주었다. 예속 평민들은 다소 중세의 농노와 비슷한 면이 있었다. 그들은 귀족 소유의 토지에서 일을 했고, 그 귀족이 속한 젠스의 이름을 따서 자기 이름을 지었다. 예속 평민의 기원에 대해서는 알려진 바가 거의 없다. 아마도 라틴족에게 정복당한 외부 도시의 거주

민이 노예가 되지 않고 예속 평민이 되지 않았을까 추측할 뿐이다.

예속 평민 외에 실제로 노예도 존재했다. 노예는 주인이 재산처럼 마음대로 사고팔 수 있었다. 가끔 노예가 자유를 얻어 리베르투스(자유민)가 되기도 했는데, 이들은 대개 이전 주인의 예속 평민이 되었다.

로마가 상업의 중심지로 성장하면서, 또 다른 계층의 사람들이 외부에서 도시로 몰려들었다. 그들은 '거류 외국인'이라 불렸다. 그리스 아테네에 머물던 외국인 거주자와 비슷한 개념이다. 거류 외국인은 대부분 무역에 종사하는 상인과 노동자들이었는데, 자신을 후원해 주는 귀족의 보호를 받았다. 이 세 계층, 예속 평민, 노예, 거류 외국인은 모두 로마족이 아닌 다른 민족이었다.

우리는 앞에서 로마가 성장하면서 많은 라틴족 도시를 점령하고 영토를 넓혔다는 사실을 살펴보았다. 점령한 도시의 거주민들은 로마와 같은 민족이었지만 로마의 시민권을 부여받지는 못했다. 그들 대부분은 농민이었고 부유한 사람이 많았다. 로마를 포함한 '로마령'에 거주하는 계층을 '평민(Plebeian)'이라고 불렀다. 이름 자체에서 그들이 많은 수를 이루고 있다는 것을 알 수 있다. 평민층은 젠스나 쿠리아에 소속되어 있지 않았지만, 자유민 신분이었고 무역과 상업에 종사할 수 있었으며, 개인 재산을 소유할 수 있었다.

한참 뒤인 기원전 350년경부터는 귀족과 노예를 제외

로마의 군인들

한 모든 사람을 '평민'이라 부르게 되었다.

로마의 군사 조직

로마의 제6대 왕 세르비우스 툴리우스의 통치 기간(기원전 550년경)까지 로마의 군대는 귀족으로만 구성되어 있었다. 이 로마 군단은 '레기오(Legio)'라고 불렸고, 3,000명의 보병으로 구성되었다. 세 부족에서 각각 1,000명의 병사가 소집된 것이다. 300명의 기병 역시 각 부족에서 100명씩 소집되었는데, 이들은 '켄투리아(Centuria)'라고 불리는 세 개의 부대로 나뉘었다.

세르비우스의 통치 기간에 수가 많아진 평민들이 더 많은 권리를 요구하자, 이른바 '세르비우스의 군제 개혁'이 이루어졌다. 지금까지는 귀족 계층만 군에 복무할 수 있었는데, 이제는 모든 평민 남성이 군 복무에 참여할 수 있게 되었다.

토지 소유자는 재산의 소유 정도에 따라 5개의 계급으로 구

분되었다. 이들은 신분의 구별 없이 193개의 켄투리아로
나누어졌고, 각 켄투리아는 재산의 소유 정도가 같은 사
람끼리 구성되었다. 제1계급에는 40개의 현역 보병 켄투
리아와 40개의 예비 보병 켄투리아, 18개의 기병 켄투리
아가 속했다.

제2, 3, 4계급에는 각각 10개의 현역 보병 켄투리아와
10개의 예비 보병 켄투리아가 속했다. 제5계급에는 30
개의 예비 보병 켄투리아와 5개의 기술병, 군악대 켄투
리아가 속했다.

계급에 따라 보병의 무장 정도가 달랐다. 제1계급은
가죽 투구, 둥근 방패, 흉갑, 다리 보호대, 창, 칼로 무장
했다. 제2계급은 제1계급의 무장에서 흉갑만 제외했다.
제3계급은 제1계급의 무장에서 흉갑과 다리 보호대를
제외했다. 제4계급은 창과 활로만 무장했고, 제5계급은
물맷돌만 들고 싸웠다.

보병들은 각자 자기의 장비를 구입해야 했다. 반면 기
병들은 나라에서 말과 말먹이가 지급되었다.

귀족과 평민들로 새롭게 구성된 군대는 원래 군사적
인 목적만 지니고 있었다. 군대의 유지 비용도 모든 사
람이 공평하게 나누었다. 하지만 부유한 평민들의 영향
력이 점차 커지면서 군대도 정치적인 목적을 갖기 시작
했고, 이들은 투표를 하기 위해 한 자리에 모두 모였다.
그 모임이 바로 앞에서 말한 '코미티아 쿠리아타', 즉 쿠
리아회였다. 회의 장소는 도시 바깥에 펼쳐진 평원 '캄

푸스 마르티우스(Campus Martius, 마르스의 들판)' 였다.

쿠리아회에서 각 켄투리아는 하나의 표결권을 가졌고, 이 한 표는 켄투리아 안에서 다수결에 의해 정해졌다.

이 제도는 부유한 사람들에게 전적으로 힘을 실어 주는 경향이 있었다. 왜냐하면 한 켄투리아는 재산의 소유 정도가 같은 사람들끼리 모여 있었는데, 재산을 가장 많이 소유한 제1계급에 해당하는 켄투리아가 다수를 차지하고 있었기 때문이다. 로마에서 부유한 사람은 여전히 귀족들이었기 때문에 켄투리아회 역시 실제로 귀족들에 의해 통제되었다. 바로 이 회의에서 정무관들을 선출하고, 법을 제정하고, 전쟁을 선포하고, 모든 범죄 사건을 판결했다.

타르퀴니우스 왕조

　로마의 일곱 왕 중에 제5, 6, 7대 왕은 에트루리아인 출신이었다. 그래서 이들의 통치 기간에는 로마에도 에 트루리아인의 흔적이 많이 남게 되었다. 에트루리아인 들은 훌륭한 건축가들이었다. 후대까지 남아 있게 되는 로마의 주요 건축물들이 바로 이 왕조 때 지어진 것이다. 이 타르퀴니우스 왕조에 속하는 왕들의 이름은 제5대 왕 루키우스 타르퀴니우스 프리스쿠스, 제6대 왕 세르 비우스 툴리우스, 제7대 왕 루키우스 타르퀴니우스 수 페르부스이다.

　제5대 왕 루키우스 타르퀴니우스 프리스쿠스가 통치 하던 시대에는 카피톨리네 언덕에 유피테르 카피톨리 누스 신전을 세웠고, 근처에 유노와 미네르바를 위한 성지(聖地)도 조성했다. 유피테르 신전을 '카피톨리움

클로아카 막시마의 하수 배출구

(Capitolium)'이라고도 부르는데, 여기서 'Capitol(미국 국회 의사
당)'이라는 단어가 유래되었다. 카피톨리움은 고대 로마 종교와
정치의 중심지로 추앙받았고, 가끔 이곳에서 원로원이 소집되
기도 했다.

이 시기에는 '클로아카 막시마(Cloaca Maxima)'라고 불리는
대하수구도 건설되었다. 이 대하수구는 캄파냐 지역으로 물을
빼내는 역할을 했는데, 잘 만들어져 오랜 세월이 지난 지금도
이용되고 있을 정도다.

제6대 왕 세르비우스 툴리우스 치세 때는 로마 시에 성벽을
둘렀다. 첼리오 언덕, 팔라티노 언덕, 퀴리날레 언덕을 포함해

성벽을 쌓았고, 티베르 강 건너편의 야니쿨룸 언덕도 성벽 안에 포함되었다. 강에 수블리키우스 다리를 세워 야니쿨룸 언덕으로 건너갈 수 있었다.

앞 장에서 살펴보았듯이 세르비우스 툴리우스는 새롭게 군제를 개편하기도 했다. 툴리우스의 개혁과 그리스 아테네의 솔론의 개혁은 유사점이 많다. 이를 통해 로마는 초기부터 그리스의 영향을 받았다는 사실을 엿볼 수 있다. 툴리우스가 통치하는 시기에는 아벤티노 언덕에 디아나 신전도 세워 모든 라틴 도시가 이용하게 했다.

제7대 왕 루키우스 타르퀴니우스 수페르부스는 '로마령'에 가비이라는 도시를 포함시켰고, 두 개의 군사 식민시를 추가로 세웠다. 타르퀴니우스 왕조는 제7대 왕이 몰락하면서 막을 내렸고, 로마에는 마침내 공화정이 들어섰다. 로마의 공화정은 율리우스 카이사르가 죽을 때까지 지속되었다.

제2부

로마 공화국의 발전

집정관과 호민관

    타르퀴니우스 왕조가 막을 내리면서 로마 왕정도 폐지되었다. 이제 종신직이었던 왕 대신에 '집정관(Consul)'이라 불리는 두 정무관이 귀족들로부터 선출되었다. 두 집정관은 최고의 권력을 소유했고 권력을 남용하지 못하도록 서로를 견제했다. 이러한 변화는 기원전 6세기 말경에 나타났다.

    나라가 위기 상황에 처할 때는 집정관 중 한 사람이 '독재관(Dictator)'이 되었는데, 그에게는 엄청난 권력이 부여되었다. 하지만 재임 기간은 6개월을 넘기지 못하게 되어 있었고, 퇴임 후에는 일반 귀족으로 살아야 했다. 그리고 독재관의 권한은 로마 시 밖에서만 유효했다. 기원전 500년경에는 쿠리아회보다 켄투리아회가 더 영향력 있는 민회가 되었다.

    앞서 이야기했듯이 켄투리아회에서는 모든 범죄 사건을 판결하였고, 정무관을 지명했으며, 법안의 통과 여부를 결정했다.

제1부 로마의 탄생

제2부 로마 공화국의 발전

제3부 포에니 전쟁

제4부 공화정의 위기와 몰락

제5부 카이사르의 시대

제6부 로마 제국의 발전

제7부 로마가 제국의 멸망

이 민회는 재산의 소유 정도에 따라 영향력을 행사하는 정도가 달랐기 때문에 대체로 부유한 귀족들의 통제가 막강했다. 대다수의 평민들은 가난했기 때문에 힘을 발휘하지 못했다.

이즈음에 지금까지 가부로만 구성되었던 원로원에 부유하거나 토지를 소유한 평민들도 들어갈 수 있게 되었다. 이러한 평민들을 '콘스크립티(Conscripti)'라고 불렀다. 하지만 회의에는 참석할 수 없었고, 정무관직도 얻을 수 없었다.

이렇게 구성된 원로원은 켄투리아회에서 이루어진 정무관 임명을 승인하거나 거부했다. 이와 같은 방식으로 최고 군사 지휘관이자 최고 재판관인 집정관의 선출이 통제되었다.

집정관은 귀족 출신 중에서 두 명의 부하 정무관을 임명했다. 이들은 '재무관(Quaestor)'이라 불렸으며, 원로원의 지도 아래 국가의 재정을 관리했다.

공화정이 수립되기 바로 직전에 로마는 전쟁을 벌이는 바람에 재정은 악화되었고 상업도 큰 피해를 입었다. 모든 계층이 피해를 보았지만, 특히 자신이 소유한 소규모 토지가 황폐해진 평민들에게는 치명적이었다. 그들은 세금을 내기 위해 자기 재산을 담보로 돈을 빌려야했다. 그 돈을 갚지 못할 경우에는 법에 따라 투옥되거나 심지어 사형에 처해졌다.

반면, 부유한 지주들은 국고 수입으로 자신의 부를 늘려 갔다. 즉, 국가가 지주들에게 세금을 거둘 수 있는 특권을 허락했던 것이다. 그들은 온갖 불법적인 방법을 동원해 세금을 거둬 부를 쌓았다. 이처럼 혹독한 세금 수탈과 채무에 대한 부당한 법 때문에 평민들은 더 이상 견딜 수 없었다.

군 복무도 평민들을 힘들게 했다. 많은 사람들이 정해진 기간보다 더 길게 군 복무를 해야 했다. 특히 계급이 낮은 사람들이 그런 경우가 많았는데, 군대를 지휘하는 집정관이 귀족 출신이었기 때문이다. 팔은 안으로 굽는다고, 집정관도 당연히 귀족만 감싸고돌았다. 그래서인지 당시의 기병 부대는 모두 젊은 귀족들로만 채워졌다. 나이 많은 귀족들도 예비 병력으로 빠졌다. 결국 가장 힘들고 핵심적인 병역은 평민들이 모조리 떠안아야 했다.

이런 상태는 오래가지 못했다. 부당하고 잔인한 압박에 저항할 기회가 눈앞에 나타나자 평민들은 잽싸게 그 기회를 붙잡았다. 당시 로마는 사비니족, 아에퀴족, 볼스키족과 전쟁을 벌이는 중이었는데, 도시를 방어할 병력이 부족했다. 집정관은 채무 문제로 수감된 사람들을 모두 풀어 병력을 보충했고 다행히 위기를 모면했다. 그러나 전장에서 군대가 돌아왔을 때, 풀려났던 사람들이 다시 감옥으로 들어가야 했다. 이듬해 수감자들이 다시 필요한 상황이 되었다. 처음에는 수감자들이 참전을 거부했지만 결국 독재관에게 설득되고 말았다. 전쟁에서 승리하고 돌아온 군대는 이번에는 로마로 바로 들어가지 않고 근처 산으로 행진했다. 그러고는 자신들을 감옥에서 풀어 주지 않으면 새로

성산에 오른 로마 시민들

운 도시를 세울 것이라고 협박했다. 이 사건이 바로 기원전 494년에 벌어진 '성산(聖山) 사건'이다.

귀족들과 부유한 평민들은 어쩔 수 없이 양보해야 했다. 저 사람들을 잃으면 로마에 또 어떤 위험이 닥칠지 모를 일이었기 때문이다. 결국 가난한 평민들은 채무의 굴레에서 벗어났고, 매년 '호민관(Tribuni Plebis)' 두 명을 평민 계층 가운데서 선출할 수 있게 되었다. 호민관은 평민 계층의 이익을 대변하고 로마 시 안에서 정무관들의 집행을 거부할 수 있는 권한을 발휘했다. 하지만 이들의 권한은 로마 시 내에 국한되어 있었다. 도시 밖으로 나가면 아무런 권한도 행사할 수 없었다.

호민관은 임무를 수행할 때 누구의 간섭도 받지 않았다. 호민관을 방해하는 사람은 중죄인으로 취급되었다. 따라서 집정관이나 재무관이 채무에 관한 법에 압박을 가하거나 부당하게 군대를 소집할 경우, 호민관은 즉시 개입해 집행을 거부할 수 있었다. 이는 평민들의 엄청난 성취였다. 그들이 행진했던 그 산을 충분히 '성스러운 산'이라고 부를 만했다. 호민관의 수는 나중에 5명으로 늘어났고, 한참 뒤에는 10명까지 불어났다.

제1부 로마의 탄생

제2부 로마 공화국의 발전

제3부 포에니 전쟁

제4부 공화정의 위기와 몰락

제5부 카이사르의 시대

제6부 로마 제국의 발전

제7부 로마 제국의 멸망

트리부스회와 농지법

그 다음으로 평민들은 매년 '조영관(Aedile)'*을 두 명씩 선출할 수 있었다. 재무관이 집정관의 부하 정무관이듯, 조영관은 호민관의 부하 정무관 역할을 했다. 이들은 호민관의 다양한 업무를 도왔고, 특별히 케레스 신전을 관리했다.

'성산 사건'의 결과로 생겨난 호민관직과 조영관직은 처음에는 켄투리아회에서 선출했다가, 나중에는 트리부스회(Comitia Tributa)라는 민회에서 선출했다. 트리부스회는 로마 시 안에서 모이기도 하고 바깥에서 모이기도 했다. 이 민회는 각 부족(tribe)※에서 나온 평민들로 구성되었는데, 부족마다 하나의 표결권을 가졌고, 이 한 표는 부족마다 다수결로 정했다.

트리부스회는 호민관과 조영관이 소집했고 회의를 주

* 'Aedile'은 신전을 뜻하는 'Aedes'에서 유래했다.

※ 여기서 '부족(tribe)'은 오늘날의 지역구의 의미가 강하다. 당시에 16개의 부족이 있었고, 나중에는 35개까지 증가한다. '트리부스'라는 말은 여기서 나왔다.

관했다. 회의의 주요 안건은 대부분 평민들의 이해관계와 관련 있었다. 트리부스회에 입법권은 없었지만 켄투리아회나 원로원에서 인준된 법안의 가부를 결정할 권한이 있었다.

이러한 상황에서 귀족들의 목표는 호민관의 힘, 즉 평민들의 힘을 약화시키는 것이었다. 로마는 이제 평민과 귀족 간의 싸움으로 혼란스러웠다. 심지어 이 혼란을 피해 로마를 떠나 다른 지역에 정착하는 사람들도 생길 정도였다.

한편 당시에 '농지법'이 처음으로 주목받게 되었다. 이 법은 국유지의 분배와 관련이 있다. 로마는 수많은 도시를 정복하면서 넓은 토지를 얻게 되었다. 이 토지를 '국유지(Ager Publicus)'라고 불렀다.

이 국유지 중 일부 토지는 개인에게 팔거나 무료로 제공했는데, 이 땅은 사유지(Ager Privatus)가 되었다. 그런데 사유지의 대부분은 정무관들의 승인이 있어야 소유할 수 있었다. 토지 점유자들은 보통 부유한 귀족들이었고, 이들은 귀족 출신의 정무관들과 가까이 지내는 사람들이었다. 이들이 점유한 토지는 '점유지(Ager Occupatus)'라고 불렀다. 이 땅은 실제로는 국가 소유였다. 토지 임대료는 수확한 곡식 또는 목초지의 가축 수의 일정 비율(10~20%)이 부과되었다. 국가는 언제든지 이 땅을 다시 돌려받을 권리가 있었지만, 정무관들은 토지 점유자가 계속 보유하도록 내버려 두었고, 임대료를 받지 않는 경우도 많았다. 시간이 지나면서 이 땅은 점유자의 자녀에게 세습되는 등 마치 개인 재산처럼 여겨지기 시작했다.

토지세는 평민층의 소지주들에게는 엄격하게 부과되었지만, 토지 점유자들에게는 법적으로 부과할 수 없었다. 따라서 평민들은 당연히 땅을 '소유'하지 않고 '점유'하고 있는 귀족들이 토지를 횡령한다고 생각했다.

농지법의 최우선 목표는 바로 이 악폐를 바로잡는 것이었다. 스푸리우스 카시우스는 국가가 이 점유지를 다시 회수해 가난한 평민들에게 재분배하는 법안을 제안했다. 카시우스는 '농지법'을 통과시켰지만 많은 방해에 부딪혀 결국 법을 집행시키지는 못했다.

시민권을 위한
평민의 투쟁

기원전 5세기 후반 이제는 평민의 수도 귀족의 수만큼 많아
졌다. 평민의 조직도 어느 정도 체제를 갖추게 되었고, 평민 지
도자들은 평민의 권익을 위해 헌신의 노력을 다하고 있었다. 평
민들의 목표는 시민권과 참정권을 귀족 수준으로 높이는 것이
었다. 이러한 투쟁은 호민관 중 하나인 게누키우스가 집정관의
집행에 거부권을 행사하다가 암살당하면서 아쉽게도 막을 내
렸다.

기원전 471년 호민관 발레로 푸블리우스는 귀족의 격렬한 반
대를 저지하면서 호민관을 켄투리아회 대신 트리부스회에서
선출하는 법안을 제안하고 통과까지 시켰다. 이로써 평민들은
역사상 중요한 한걸음을 또 한 번 내디뎠다. 이 법을 '푸블리우
스 법'이라고 한다.

이후 20년 동안 평민과 귀족 간의 갈등은 조금도 수그러들 기미가 보이지 않았다. 평민들은 문서화된 법률, 즉 성문법을 요구했다. 역사 초기에는 모든 사람이 성문화되지 않은 관습이나 전통을 법으로 삼았다. 로마에서도 지금까지 귀족들이 법을 자기 입맛대로 해석해 왔다. 이제 평민들은 변화를 요구했다. 기원전 461년 마침내 호민관 가이우스 테렌틸리우스 하르사가 법안을 제출했고, 그 결과 성문법을 제정했다. 카이소 퀸크티우스가 이끄는 귀족들은 이에 격렬히 반대했지만, 카이소는 결국 호민관에 의해 탄핵되어 로마를 떠나야 했다.

켄투리아회는 10명의 사람을 뽑아 10인 위원회(Decemvirate)를 구성했다. 임기 1년의 10인 위원회는 절대 권력을 부여받았고, 무엇보다 로마에 필요한 성문법을 제정하는 역할을 맡았다. 기원전 454년 세 명의 원로원은 당대 최고 수준의 정치 문화를 자랑하는 아테네로 파견되어 그 도시의 법률 제도를 조사하고 연구했다. 2년 동안 아테네에

10인 위원회가 제정한 12표법

비르기니아의 이야기(산드로 보티첼리 作)

머문 파견단은 기원전 452년에 고국으로 돌아와 10인 위원회의 일원으로 임명되었다.

10인 위원회가 제정한 법률은 10개의 동판에 새겨졌고, 이 동판은 원로원 건물 앞 포룸에 걸어 두었다. 이듬해에 2개의 동판이 추가되었다. 이렇게 해서 로마의 '12표법(Twelve Tables)'이 완성되었다.

10인 위원회는 입법 활동이 끝남과 동시에 그 자리에서 내려와야 했다. 하지만 위원들은 이를 거부한 채 독재 정치를 추진하려 했다. 그들의 부정행위를 우려한 시민들은 어느 사건을 계기로 반란을 일으켰다. 10인 위원회 중 한 명인 아피우스 클라우디우스는 평민 출신의 순결한 처녀 비르기니아에게 사랑에 빠져 그녀를 납치해 아내로 삼고자 했다. 이에 비르기니아의 아

버지 비르기니우스는 딸의 명예를 지키기 위해 자신의 손으로 딸아이의 심장을 찔렀다. 그리고 사악한 정부를 타도하기 위해 군대를 선동해 봉기를 일으켰다.

다시 군대는 지도자들의 지휘에 따라 '성산'에 모였다. 그곳에서 그들은 호민관을 뽑은 뒤 로마 시내로 진격했고 10인 위원회를 강제로 해산시켰다.

12표법은 원본이 전해지지 않는다. 단편적인 사료만 남아 있어 정확한 내용을 모두 알 수는 없다. 이 법으로 채무자의 지위가 조금은 나아진 듯하다. 가족 내에서 가부의 절대적 권한 행사도 금지되었다. 예속 평민과 귀족 간의 관계도 점차 개선되어 예속 평민이 귀족에게 덜 의존하게 되었다. 나중에는 예속 평민도 평민층에 흡수되었다.

기원전 449년에는 발레리우스와 호라티우스가 집정관에 선출되었고, 이른바 '발레리우스–호라티우스 법'을 통과시켰다. 그 내용을 요약하면 다음과 같다.

1. 모든 로마 시민은 정무관이 내린 재판 결과와 관련해 켄투리아회에 항소할 수 있다.
2. 트리부스회의 모든 결정 사항은, 그것이 원로원과 켄투리아회의 승인을 얻은 것이라면, 귀족과 평민에게 똑같이 적용해야 한다.
3. 호민관, 조영관 등 평민 정무관으로 선출된 사람은

신성하게 여겨져야 한다.

4. 호민관은 원로원 회의에 참여할 수 있으며, 그곳에서 결정된 사항에 대해 거부권을 행사할 수 있다.

2년 뒤인 기원전 447년, 재무관은 여전히 귀족 계층에서 뽑혀야 했지만, 재무관 선출은 트리부스회가 맡게 되었다. 그 전까지는 재무관을 원로원에서 임명했다.

기원전 445년에는 호민관 카누레이우스가 이른바 '카누레이우스 법'을 통과시켰다. 이 법으로 귀족과 평민의 혼인을 금지하는 관습이 폐지되었다.

카누레이우스는 집정관직 후보에 평민층을 포함시키는 법안도 제안했다. 이 법안은 통과되지 못했지만 절충안이 제기되었다. 당분간 집정관을 뽑지 말고 매년 켄투리아회에서 군사 호민관 6명을 선출하는 것이었다. 사람들은 집정관을 뽑을지 군사 호민관을 뽑을지 매년 투표로 결정했는데, 이러한 관습이 거의 반세기 동안이나 이어졌다. 하지만 귀족들의 힘이 여전히 강했기 때문에 평민층에서 군사 호민관에 선출되는 사람은 나오지 않았다.

평민들의 이권이 점점 커지자 귀족들은 이를 상쇄할 목적으로 기원전 435년부터 '감찰관(Censor)'이라는 새로운 정무관을 뽑기 시작했다. 감찰관은 5년마다 귀족층에서 선출되었고 임기는 18개월이었다.

감찰관의 임무는 다음과 같다.

1. 모든 계층의 시민 등록이 제대로 이루어졌는지 감
   독하는 임무.
2. 원로원 내에서 풍기 문란을 일으키는 의원을 조사
   하여 제명하는 임무.
3. 나라의 재정과 공공사업을 관리 감독하는 임무.

이러한 임무를 담당하다 보니 감찰관은 로마 사람들이 가장 탐내는 관직이 되었다.

몇 년이 지난 기원전 421년, 평민들은 또 다른 진전을 이루게 되었다. 평민 계층에서 재무관 한 명을 선출할 수 있게 된 것이다. 그리하여 로마의 재무관은 총 4명이 되었다.

귀족들은 완강한 저항에도 불구하고 계속 기득권을 잃어 갔다. 이제까지 귀족 옆에서 이권을 챙기던 부유한 평민들도 농민이나 하층민과 손을 잡기 시작했다.

기원전 367년 마침내 호민관 리키니우스와 섹스티우스가 이른바 '리키니우스–섹스티우스 법'을 통과시켰다. 내용을 요약하면 다음과 같다.

1. 6명의 군사 호민관직을 폐지하고 예전처럼 매년 집
   정관 2명을 선출할 것. 단, 한 명 또는 두 명 모두
   를 평민층에서 뽑을 것.
2. 500유게라(300에이커) 이상의 공유지를 점유하
   지 못하게 하고, 100마리 이상의 소 또는 500마

리 이상의 양을 키우지 못하게 할 것.

3. 모든 지주는 노예의 수에 비례하는 일정한 수의 자유민 노동자를 고용할 것.

4. 지금까지 빌린 돈에 대한 이자를 모두 공제하고, 나머지 갚아야 할 돈도 3년 분할 상환할 것.

이 법안들은 가난한 하층민들에게 굉장한 혜택을 주었다. 그동안 노예들이 독차지했던 노동의 기회가 하층민에게 돌아간 것이다. 빚에 대한 부담도 많이 덜 수 있었다. 무엇보다도 평민층이 집정관에 선출될 수 있었기 때문에 평민들은 이제 자신의 권익을 보호받을 수 있을 거라고 생각했다. 포룸에 있는 콘코르디아 신전은 이 법으로 좀 더 살만한 세상이 된 것에 감사해 카밀루스가 헌정한 신전이라고 전해진다.

하지만 평민들은 여기서 끝내지 않았다. 섭정(Interrex)을 제외한 모든 정무관직 후보에 평민층이 포함될 수 있게 하였다. 우선 독재관 자리에 평민층도 임명할 수 있게 했고, 감찰관직과 법정관직도 마찬가지였다. 기원전 287년에는 '호르텐시우스 법'에 의해 민회의 결정이 원로원의 승인 없이도 모든 시민에게 구속력을 지니게 되었다. 200년 뒤에는 종교 정무관인 대신관(Pontif)과 복점관(Augur) 역시 평민층에서 선출할 수 있었다.

이렇게 해서 두 세기에 걸친 '신분 투쟁'은 사실상 끝이 났다. 로마의 귀족들은 여전히 평민들과 거리를 두었지만, 귀족이 평민보다 더 많은 시민권을 누리지는 않았다.

로마의 시민권은 다음 네 가지의 권리로 이루어진다. 첫째,

희생 제물을 준비하는 복점관들

재산을 소유하거나 매매할 권리(commercium), 둘째, 투표할 권리(suffragium), 셋째, 신분에 상관없이 혼인할 권리(connubium), 넷째, 관직에 오를 권리(honores).

 이 중 첫 번째 권리는 평민들도 항상 누릴 수 있었다. 두 번째 권리는 트리부스회가 만들어지면서 얻게 되었고, 세 번째 권리는 '카누레이우스 법'이 통과되면서 얻게 되었다. 마지막으로 네 번째 권리는 '리키니우스–섹스티우스 법'과 그 이후의 법안들이 통과되면서 점차적으로 얻게 되었다.

삼니움 전쟁과 라티움 전쟁

로마의 역사는 기원전 400년경에 본격적으로 시작되었다고 할 수 있다. 이때 로마의 영토는 300제곱마일 정도였을 것으로 추정된다. 부족의 수는 25개로 증가했고, 나중에는 35개가 되었다.

기원전 391년, 갈리아 지방의 야만족인 켈트족의 한 무리가 아펜니노산맥를 넘어 에트루리아의 소도시인 클루시움을 침공했다. 이때 켈트족 우두머리가 협상을 위해 파견된 로마 사절단에 의해 살해당했다. 이에 분노한 켈트족은 앙갚음을 위해 로마로 진격했다. 기원전 390년 7월 18일, 로마 북쪽의 알리아 강 인근에서 로마와 켈트족의 전투가 벌어졌다. 로마는 전투에서 완전히 패배했고 로마 시는 이제 바람 앞에 등불이었다. 하지만 켈트족은 곧바로 로마 시로 침입하지 않고 사흘 정도 공격을 미

루었다. 그 사이 로마 시민들은 급히 카파톨리노 언덕을
요새화하여 방어 태세를 갖추었다. 덕분에 무려 7개월
동안 적의 공격을 막아낼 수 있었다. 결국 켈트족은 로
마로부터 많은 돈을 받고 철수하게 되었다.

안타깝게도 이 시기에 로마의 역사를 기록한 문서들
이 전부 소실되었다. 그래서 기원전 390년 이전에 일어
난 사건들을 알려 줄 소중한 자료들이 우리 손에 전해지
지 않는다.

로마 시는 곧 재건되었고 충격으로부터 회복하였다.
기원전 387년에는 티베르 강과 인접한 영토를 되찾았으
며, 에트루리아와의 경계에 수트리움과 네페테라는 식
민시를 세우고 라티움 지역에는 키르케이와 세티아라는
식민시를 세웠다.* 로마와 항상 우호적인 관계를 맺어
왔던 투스쿨룸이라는 라틴 도시는 로마에 합병되었다.

이 어려운 시기에 로마 주변에서 수많은 적들이 들고
일어났지만, 로마는 우월함을 한껏 과시했다. 마침내 기
원전 353년, 로마는 에트루리아 남부 전체를 진압하고
에트루리아의 카에레라는 도시와 그에 딸린 영토를 손
에 넣었다. 이 도시는 최초로 '무니키피움(municipium)',
즉 자치 도시가 되었다.

무니키피움에 거주하는 사람들은 로마 시민권 전체를
얻지 못했지만, 도시를 자신들이 원하는 방향으로 운영
할 수는 있었다. 이후로 로마에 정복당한 많은 도시들이
무니키피움이 되었다. 이곳의 거주자들은 '참정권 없는

* 군사 식민시는 로
마의 영토를 지키기
위해 세운 전초 기지
였다. 로마는 그 뒤
에도 영토가 확장되
면서 계속 군사 식
민시를 세워 나간다.
식민시가 세워지면
한 무리의 로마 시민
들이 무장을 한 채
그곳으로 이주한다.
그들은 가족과 노예
까지 모두 데려오고,
로마와 비슷한 형태
의 지방 정부를 세웠
다. 이 식민지인들은
로마 시민권을 포기
하고 라틴족이 되었
다. 그래서 '라틴 식
민시'라고 부른다.

시민(cives sine suffragio)'이라 불렀다.

이후 기원전 353년부터 기원전 343년까지 10년 동안 로마는 가장 남쪽으로 타라키나까지 저지대의 도시들을 정복했다. 북쪽으로는 티베르 강을 넘어 베이이와 카페나라는 도시에 딸린 대부분의 영토를 손에 넣었다.

기원전 354년에는 리리스 강 건너에 있는 삼니움족과 처음으로 교류했다. 삼니움족은 이탈리아 중부의 산악 지대에 정착한 민족이다. 이탈리아 남쪽으로 퍼져 나간 삼니움족은 기원전 423년에 카푸아를 손에 넣었고, 3년 뒤에는 그리스인들이 세운 쿠마에를 점령했다. 그 이후로 캄파니아 지방에서 실질적인 패권자가 되었다.

앞서 말한 기원전 354년의 조약 이후, 로마와 삼니움족은 각

삼니움족의 병사들

자 독립적으로 볼스키족과 전쟁을 수행하기로 했다. 삼니움족은 캄파니아 북부 도시인 테아눔까지 진격해 들어갔다. 그러자 테아눔은 카푸아에 도움을 요청했고 곧바로 카푸아가 테아눔을 지원했다. 삼니움족은 방어가 어렵게 되자 로마에 지원을 요청했다.

삼니움족의 갑작스러운 진군에 놀란 로마는 조약을 파기할 구실만 찾고 있었다. 이때 카푸아가 아무런 조건도 없이 로마에 항복했다. 로마는 이를 이용해 자기 백성을 보호한다는 명목 아래 삼니움족을 공격했다.

이렇게 해서 '삼니움 전쟁'이 시작되었고, 전쟁은 다양한 양상으로 반세기 동안 지속되었다. 또 중간에 두 번의 휴전기가 있었다. 그래서 보통 이 전쟁을 세 시기, 즉 제1차, 제2차, 제3차 삼니움 전쟁으로 나눈다.

제1차 삼니움 전쟁(B.C. 343~B.C. 341)

제1차 삼니움 전쟁에 대한 기록이 제대로 남아 있지 않아 자세한 전쟁 경과는 알 수 없다. 전쟁의 결과 양측이 얻은 구체적인 이득은 없었다. 다만, 로마는 카푸아를 얻었고 이를 자치 도시로 삼았다. 카푸아가 소유한 영토는 로마로 합병되었다.

라티움 전쟁(B.C. 340~B.C. 338)

　'라티움 동맹'에 속한 도시들은 오랜 기간 급성장하는 로마를 질투어린 시선으로 지켜보았다. 이들은 자신의 권리를 무시당하자, 이대로 있다가는 모든 것을 잃게 될까 두려웠다. 라티움 동맹 도시들은 로마의 집정관 중 한 명과 원로원 의원 중 절반을 라틴족에서 선출할 것을 제안했다. 하지만 보기 좋게 거절당했다. 곧이어 라티움 동맹과 로마 사이에 전쟁이 일어났고 전쟁 3년차에 베수비우스 화산 근방의 트리가눔에서 전투가 벌어졌다. 삼니움족과 연합한 로마는 집정관 티투스 만리우스 토르카투스의 노력으로 전투에서 승리를 거두었다. 이후의 전투는 일반적인 전쟁이 아니라 로마가 개별 도시들을 원정하러 다니는 것이나 마찬가지였다.

　기원전 338년 라틴족의 모든 도시들이 항복하면서 라티움 전쟁은 막을 내렸다. 당연히 라티움 동맹도 끝이 났다. 로마는 이제 라티움의 절대 주권자가 되었다. 4개의 라틴 도시 티부르, 프라에네스테, 코라, 라우렌툼은 독립을 유지하게 했고, 나머지 도시들은 모두 로마에 합병시켰다. 그 도시에 속해 있던 영토는 모두 '로마령'이 되었으며, 거주민들은 로마의 백성이 되었다. 로마는 라티움 지방을 차지한 것 외에도, 세 개의 자치 도시를 만들었는데, 볼스키족 도시인 푼디, 포르미아이, 벨리트라이가 이에 해당되었다. 이제 라티움 지방은 티베르 강에서 볼투르누스 강에 이르는 모든 지역을 포함했다.

　로마는 군사 식민시와 비슷한 해양 식민시도 여러 군데 세웠

로마의 포룸(광장)

다. 해양 식민시의 거주민들은 로마 시민의 권리를 유지
한 반면, 군사 식민시에서는 권리를 박탈당했고 단순히
라틴족이 되었다. 첫 번째로 세운 해양 식민시는 안티움
(B.C. 338)이었다. 이후로 타라키나(B.C. 329), 민투르나
이와 시누에사(B.C. 296)가 세워졌다. 그 뒤에도 여러 식
민시들이 만들어졌다.

　안티움은 나중에 군사 식민시로 바뀌었는데, 이 도시
의 해군은 해체되었고 전함의 앞부리(rostra)는 로마로 가
져와 원로원 건물 맞은편 연단에 기념으로 세워 두었다.
그래서 오늘날 연단을 '로스트라(Rostra)' 라고 부른다.

　물건을 사고파는 시장인 포룸(광장)은 이 시기에 좀 더
개선되고 잘 꾸며졌다. 포룸은 정치와 금융의 중심지
가 되었다. 정치 토론이 활발하게 벌어졌고, 대금업자
와 중개인들이 이곳에 사무소를 차렸다. 포룸은 원래 강

근처의 작은 시장에서 시작되었다. 대표적으로 포룸 보아리움 (Forum Boarium, 소 시장), 포룸 홀리토리움(Forum Holitorium, 과일 시장) 등이 있었다. 감찰관인 마에니우스는 포룸을 개선하는 데 중요한 역할을 담당했다.

제2차, 제3차 삼니움 전쟁(B.C. 326~B.C. 290)

제1차 삼니움 전쟁과 라티움 전쟁의 결과 라티움 동맹이 무너지고 로마의 영토는 넓어졌다. 이제 이탈리아반도에는 패권을 다투는 세 민족, 로마족, 삼니움족, 에트루리아족만 남았다. 이 중 가장 약한 에트루리아족은 기원전 396년 베이이가 로마에 빼앗기고 이어 기원전 353년에 카에레가 함락되면서 몰락의 길을 걸었다.

로마족과 삼니움족은 군사력에서 막상막하였다. 다만, 로마의 군사력은 한곳에 집중되어 있는 반면, 삼니움족은 군사의 수는 많지만 여러 곳에 흩어져 있었다. 로마와 삼니움족의 병사들은 둘 다 용맹함에서는 우열을 가리기 힘들었다.

제2차 삼니움 전쟁이 시작되고 처음 5년 동안은 로마가 우세했다(B.C. 326~B.C. 321). 그러자 삼니움족은 먼저 로마에 화평을 청했다. 이 시기에 로마는 새롭게 얻은 영토는 없지만 삼니움족의 영토에 얼마간의 군사 주둔지를 세울 수 있었다.

평화가 약 1년간 지속되다가, 다시 전투가 개시되었다. 이번에는 삼니움족이 가비우스 폰티우스라는 지도자를 세웠는데,

그의 뛰어난 군사 전략으로 7년 동안 전쟁의 운이 삼니움족 쪽으로 기울었다(B.C. 321~B.C. 315). 폰티우스는 로마군을 작은 평원으로 유인했다. 평원 한쪽에 입구이자 출구인 좁은 산길(일명 카우디움 산길) 하나가 있었다. 로마군이 이 길을 통해 평원에 도착하자 폰티우스는 로마군을 강하게 밀어붙였다. 로마군은 저항해 보았지만 승산이 없었다. 어쩔 수 없이 아까 들어왔던 좁은 산길로 다시 퇴각하려 했는데, 그 길은 이미 삼니움족이 차지하고 있었다. 결국 로마군은 두 손 들고 항복할 수밖에 없었다.

집정관 티투스 벤투리우스와 스푸리우스 포스투미우스는 강화 조약에 서명했다. 이에 따라 다시 평화가 찾아왔고, 모든 것이 원래대로 회복되었다. 카우디움 전투에서 항복한 로마군은 굴욕적인 일을 당했다. 그들은 소처럼 멍에 아래로 엎드려 지나가야 했다. 이 소식을 들은 로마 사람들은 경악을 감추지 못했다. 시민들은 상복을 입고 생업과 여가를 잠시 내려놓았다. 그리고 이 참사를 극복하는 데 온 힘을 쏟아 부었다. 삼니움족과 체결한 강화 조약의 조항들은 완강히 거부했다. 시민들의 투표로 승인하지 않으면 조약은 원천 무효였다. 로마 시민들은 조약에 서명했던 집정관들을 통해 자신들의 뜻을 삼니움족의 폰티우스에게 전했다.

약속을 저버린 것에 분개한 폰티우스는 로마 시민들의 뜻을 받아들이기는커녕 다시 전쟁을 개시했다. 이번

카우디움 전투의 굴욕(샤를 글레르 作)

전쟁은 7년 동안 지속되었다. 기원전 310년 결정적으로 삼니움족은 에트루리아의 바디모니스 호수 근처에서 독재관 퀸투스 파비우스가 이끄는 로마군에 대패했다. 그 여파로 두 번 다시 저항할 수 없을 지경이 되었다. 결국 기원전 304년에 삼니움족은 자신들이 차지하고 있던 해안 지역과 동맹시, 점령지를 포기하고 로마의 패권을 인정할 수밖에 없었다.

전쟁이 일어나는 동안 에트루리아족은 로마에 대항하고자 마지막 힘을 모았다. 기원전 311년 에트루리아족은 수트리움이라는 로마의 군사 식민시에 원정대를 보내 공격했다. 그러나 집정관 퀸투스 파비우스는 수트리움으로 곧장 달려가 적을 포위했고 에트루리아군을 키미니아 숲으로 몰아내 완전히 몰살시켰다.

제2차와 제3차 삼니움 전쟁(B.C. 298~B.C. 290) 사이에는 6년간의 공백 기간이 있었다. 이 기간에 삼니움족은 로마에 대항해 이탈리아를 하나로 모으려고 노력했다. 삼니움족은 움브리아족, 갈리아족, 에트루리아족과 손을 맞잡았다. 유일하게 루카니아족만 로마와 손을 잡고 있었다.

기원전 295년 움브리아 지방에서 벌어진 센티눔 전투가 이 전쟁의 결정적 역할을 했다. 겔리우스 에그나티우스가 이끄는 삼니움족은 집정관 퀸투스 파비우스 막시무스와 푸블리우스 데키우스 무스가 이끄는 로마군에 대패했다.

데키우스 무스의 죽음(루벤스 作)

　센티눔 전투에서는 전투 양상이 길게 늘어지고 불분명했다. 갈리아족은 삼니움족을 도와 전투에 참여했는데, 그들 스스로가 데키우스가 지휘하는 로마군에 필적하지 못한다고 생각했다. 집정관 데키우스는 아버지의 예를 따라, 승리를 기원하며 영원불멸한 신께 자신의 생명을 바친다는 의미에서 적진으로 들어가 전사했다.* 데키우스 무스의 희생에 고무된 로마 병사들은 갈리아족을 힘껏 밀어붙였다. 이제 승부는 판가름 났다. 삼니움족도 이미 파비우스가 이끄는 로마군에 패해 달아나고 있었다.

　이후 전쟁은 5년을 더 끌었는데, 전쟁 마지막 해에 집정관 마니우스 쿠리우스 덴타투스는 삼니움족과 사비니족(얼마 전에 삼니움족과 손을 잡았다.)을 완전히 진압했다. 삼니움족은 독립을 허락받고 로마와 동맹을 맺었다. 로마는 사비니족을 '참정권

제1부 로마의 탄생

제2부 로마 공화국의 발전

제3부 공화정 팽창

제4부 공화정의 위기와 몰락

제5부 카이사르의 시대

제6부 로마 제국의 발전

제7부 로마 제국의 황혼

없는 시민'으로 만들고 그들의 영토는 로마령에 귀속시켰다. 이제 로마의 영토는 아드리아 해까지 확대되었고, 그러면서 남쪽의 삼니움족과 북쪽의 움브리아족, 갈리아족, 에트루리아족을 서로 갈라놓았다.

* 데키우스의 아버지 역시 라티움 전쟁에서 이와 비슷하게 전사했다고 전해진다.

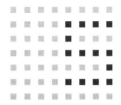

피로스 전쟁

로마 초기, 그러니까 로마가 아직 많이 알려지지 않았을 때, 그리스는 폭발적인 성장으로 인한 내부의 압력을 완화시키기 위해 지중해 주변에 식민시를 건설했다. 주로 에스파냐, 프랑스, 소아시아에서 식민시를 확인할 수 있고, 특히 시칠리아 섬과 이탈리아 남부에 있는 식민시는 그리스화되어 '마그나 그라이키아(Magna Graecia)' 라고 불렸다. 이중 타렌툼, 시바리스, 크로톤, 투리이 등이 번성한 도시로 손꼽힌다. 하지만 로마와 접촉하던 시기에 이르러서는 옛 영광을 많이 잃었다. 북쪽에서 야만족이 침입해 왔고, 식민시 간의 불화도 더 심해졌기 때문이다. 그런 탓에 로마의 침입을 받았을 때 힘을 모아 저항하지 못했다. 이들은 군대를 모집하거나 운영할 때 주로 외부의 용병을 고용하는 관습이 있었다. 이러한 사실도 그들이 쉽게 정복당한 이유 중 하나였다.

당시 '마그나 그라이키아' 가운데 으뜸 식민시는 타렌툼이었다. 타렌툼은 로마와 체결한 조약에서 로마 선박이 라키니움 곶을 넘어서 타렌툼 만으로 들어오지 못하도록 규정했다. 하지만 늘 그렇듯 로마는 자신에게 이익이 된다면 조약의 내용은 쉽게 무시해 버렸다.

투리이는 루카니아족에게 공격을 받았을 때, 타렌툼의 도움을 받지 못하자 로마로 눈을 돌려 지원을 요청했다. 투리이는 로마의 지원을 받아 전쟁을 치렀고, 이때부터 '마그나 그라이키아'는 그리스와 분리되어 로마로 넘어가게 되었다.

타렌툼이 전쟁을 부추기는 것처럼 보이자, 로마는 조약을 무시하기로 결정하고 전함 10척을 타렌툼 만으로 보냈다. 때마침 그날이 타렌툼의 축제일이어서 바다가 보이는 극장에 사람들이 전부 모여 있었다. 사람들은 바다 위에 로마의 전함이 나타나는 광경을 지켜보았다. 타렌툼은 불법 침입에 대해 로마에 엄벌을 내리기로 결정했다. 타렌툼 사람들은 로마 함대를 육지로 유인했고 그 중 전함 4척을 완전히 망가뜨려 놓았다.

로마의 대사 포스투미우스는 타렌툼에 배상을 요구했지만 오히려 모욕과 멸시를 당했다. 타렌툼 사람들의 조롱을 들은 포스투미우스는 이를 갈며 타렌툼 사람들의 피로 더러워진 명예를 씻겠다고 선포했다. 이듬해 로마의 집정관 중 한 명은 남쪽을 침공하라는 명령을 받았다.

그 사이 타렌툼은 에피루스의 젊고 야심찬 왕 피로스

알렉산더 대왕

에게 사신을 보내 도움을 요청했다. 피로스는 알렉산더 대왕의 조카였지만 삼촌이 정복한 영토 중에 그에게 돌아온 지분은 눈꼽만큼도 없었다. 그의 꿈은 동방 지역의 마케도니아 왕국을 능가하는 제국을 서방 지역에 건설하는 것이었다.

기원전 281년 피로스는 보병 2만 명과 기병 3,000명, 전투 코끼리 20마리를 이끌고 이탈리아반도로 상륙했다. 그는 곧바로 방어 태세를 갖추기 위해 유약한 그리스인들을 통제했다. 유흥 장소는 모두 폐쇄하고 사람들을 군대로 소집했다. 공공의 안전을 위협하는 자는 사형에 처했으며, 위기 상황에 필요한 개혁을 추진해 나갔다.

한편 로마도 즉각적으로 행동을 취하며 피로스와의 전투에 과감하게 도전했다. 기원전 280년에 로마군과 피로스의 군대는

리리스 강 근처에 있는 헤라클레아 평원에서 마주쳤다. 그곳은 그리스의 전투 방식에 유리한 지형이었다. 당시까지만 해도 마케도니아군의 밀집 대형은 유례없이 완벽한 전투 방식이었다. 로마군은 지금까지 그처럼 강한 군대와 맞서 싸워 본 적이 없었다.

라에비누스가 이끄는 로마군은 밀집 대형보다 오히려 전투 코끼리에 놀라서 패배하고 말았다. 하지만 로마군은 질서 정연하게 퇴각했다. 이런 적군의 모습에 감명을 받은 피로스는 이렇게 말했다. "한 번 더 이런 식으로 전투에서 승리하면 우리 군대는 한 명도 빠짐없이 에피루스로 돌아갈 것이다." 피로스는 그리스 동맹국들의 내부 사정을 파악하고는 로마와 평화 협정을 맺기로 마음먹었다. 그는 믿을 만한 심복이자 뛰어난 웅변가인 키네아스를 로마에 사절로 보냈다. 피로스는 키네아스를 통해 이탈리아반도 내의 동맹국들의 안전만 보장된다면 자기는 에피루스로 돌아갈 것이라고 약속했다.

키네아스는 로마의 원로원 앞에서 웅변을 펼쳤다. 비록 피로스의 제안은 거절되었지만 많은 사람들이 그의 웅변에 감동을 받았다. 아피우스 클라우디우스 카이쿠스*는 부축을 받으며 원로원 회의장에 들어서더니, 로마는 결코 적을 무력으로 대해서는 안 된다고 선포했다.

키네아스는 로마인들의 위엄에 깊이 감명했다. 원로원은 왕들의 모임이고 로마는 그 자체로 하나의 신전 같다고 고백할 정도였다.

* '카이우스'는 맹인이라는 뜻이다. 그는 노년에 실명해 앞이 보이지 않았다.

에피루스의 피로스 왕

소식을 들은 피로스는 급히 군대를 이끌고 북진했고, 로마로부터 18마일 정도 떨어진 곳에 이르렀다. 이 거리에 진을 치는 것은 상당히 위험했다. 그가 바라던 라티움 동맹 도시들이 탈퇴하는 사태는 벌어지지 않았고, 오히려 라티움 동맹의 군대가 연합하여 그를 대적할 준비를 하고 있었다. 피로스는 어쩔 수 없이 타렌툼에 있는 동계 야영지로 퇴각했다. 이곳에서 가이우스 파브리키우스의 사절단을 맞이했는데, 사절단은 포로 교환을 제안했다. 원로원에서 보낸 이 사람들은 뇌물을 주거나 협박을 해도 전혀 흔들림 없었다. 결국 피로스도 그들의 요구 사항을 거절했다.

이제 이탈리아에 있는 여러 민족들이 피로스와 손을 잡았고, 다시 전쟁을 개시했다. 기원전 279년 아풀리아에 있는 아스쿨룸 평원에서 로마군과 피로스 군대가 다시 맞붙었다. 이 전투에서 로마군이 패배하고 피로스 군대가 승리했지만 피로스도 거의 패배한 것이나 다름없었다.*

같은 해 피로스는 로마의 동맹국인 카르타고를 맞아 싸우는 시라쿠사를 지원하기 위해 시칠리아 섬으로 건너갔다. 그는 이 섬에서 3년을 머물렀다. 기원전 275년 피로스는 다시 이탈리아로 돌아가 베네벤툼에서 마지막으로 로마군을 상대했다. 전투 결과 집정관 마니우스 쿠리우스 덴타투스에게 패하고 말았다.

이제는 로마군도 전투 코끼리에 익숙해졌고 불화살로
공격하는 방법도 습득했다. 불화살 공격을 받은 코끼리
들이 놀라서 날뛰는 바람에 피로스의 군대는 혼란에 빠
졌다. 이 전투를 마지막으로 피로스는 더 이상 이탈리아
에서 활동하지 않았다. 그는 고국으로 돌아갔고, 3년 뒤
에는 아르고스에서 어느 여인에게 암살당하고 만다.

　피로스가 떠난 뒤 이탈리아 전체는 로마 앞에서 속수
무책이었다. 3년 뒤인 기원전 272년에 타렌툼의 수비대
는 항복했고, 성벽은 무너졌으며, 함대는 로마에 빼앗
겼다.

* 아스쿨룸 전투에
승리한 피로스는 이
렇게 말했다고 한다.
'이런 전투에서 한
번 더 이겼다가는 우
리는 망하고 말 것이
다.' 여기서 이득은
없고 오히려 손해가
큰 승리를 가리키는
'피로스의 승리'라는
말이 나왔다.

제3부

포에니 전쟁

제1차 포에니 전쟁

　로마가 라티움 지방에서 메사나 해협까지 영토를 넓히고 있
는 동안, 지중해 건너 시칠리아 섬으로부터 100마일도 안 되는
지역에서 카르타고가 세력을 키우고 있었다. 로마와 마찬가지
로 카르타고도 처음에는 작은 도시에 불과했다. 카르타고 역시
로마처럼 힘을 기르는 데 오랜 세월이 필요했다.

　카르타고는 인구를 팽창시키고 수많은 해군과 육군을 갖추고
자 했다. 동맹시들이 애초에 반란을 일으키지 못하도록 막기 위
해서였다. 카르타고는 주변의 유목 민족들에게 강제로 농사를
짓게 했다. 이처럼 카르타고가 식민지로 삼은 지역의 사람들을
이른바 '리비오-페니키아인(Libyo-Phoenicians)'라고 불렀는데,
지역 특성상 주변의 공격에 노출되어 있었고 스스로를 방어하
기가 어려웠다. 따라서 카르타고의 주변 지역은 힘이 매우 약했
다. 외부의 적이 아프리카 북부 지역으로 들어올 때면 카르타고

카르타고를 건설하는 디도 여왕(윌리엄 터너 作)

는 맥없이 포위 공격을 당하기 일쑤였다.

카르타고는 무역을 통해 성장했다. 그들이 취급하던 품목은 오리엔트 지역의 금과 진주, 티레 지역의 특산물 자주색 염료(Tyrian purple), 아라비아의 상아와 향료와 노예, 에스파냐 지방의 은, 키프루스의 청동, 엘바의 철 등 이었다.

한편 카르타고인들은 잔혹하고 음울한 기질이 있었다. 종교 행사에서는 사람을 희생 제물로 바치는 잔인한 의식을 치렀다. 사람들은 타인의 권리는 무시하고 배신을 잘하는 것으로 악명이 높았다. 그리스와 로마의 수준

높은 문명에 대해서는 별다른 관심이 없었다.

카르타고의 정치 체제는 귀족 정치였다. 부유한 귀족 계층이 의회를 이루고 나라를 운영했다. 이 의회는 나라에 큰 위기가 닥칠 때만 소집되었다.

로마는 카르타고와 두 번에 걸쳐 조약을 체결했다. 한 번은 공화국을 세우고 난 다음인 기원전 500년이었고, 또 한 번은 기원전 340년이었다. 이 조약들에 따라 로마(로마의 속국 포함)와 카르타고(시칠리아 섬, 사르디니아 섬, 코르시카 섬 내의 점령지 포함) 사이에 무역이 허용되었다. 하지만 로마는 에스파냐 지방에서는 무역을 할 수 없었고, 카르타고 만을 넘어 항해하는 것도 불가능했다.

피로스 왕은 시칠리아 섬을 떠나면서 이렇게 말했다고 한다. "시칠리아 섬은 로마와 카르타고가 한판 승부를 겨루기 딱 좋은 곳이다!" 만약 카르타고가 시칠리아 섬의 주인이 된다면 로마는 이탈리아반도 안에 꼼짝없이 갇히는 신세가 되었을 것이다. 반대로 로마가 이 섬을 차지한다면 카르타고의 무역을 가로막을 수 있었고, 로마 함대가 동풍을 타고 하룻밤 만에 카르타고를 침입하는 게 가능했다.

당시 시칠리아 섬은 시라쿠사, 카르타고, 마메르티네가 분할 점령하고 있었다. 마메르티네는 캄파니아 지방에서 온 용병들이었는데, 메사나를 근거지로 삼고 이 섬에서 자기들이 도달할 수 있는 곳까지 약탈을 자행했다. 이에 시라쿠사의 히에로 왕이 메사나를 봉쇄하자, 마메르티네는 자신들이 캄파니아 지방 출

신이라는 점을 내세워 로마에 지원을 요청했다. 로마는 히에로 왕과 동맹 관계를 맺고 있었지만 그래도 마메르티네를 지원하기로 결정했다. 로마에게도 시칠리아 섬은 꽤 탐나는 먹잇감이었기 때문이다.

그런데 갑자기 카르타고가 끼어들어 히에로 왕과 마메르티네의 싸움을 중지시켰고, 메사나는 포위에서 풀려나게 되었다. 그리고 이 도시는 이제 한노가 이끄는 카르타고의 수비대와 함대가 지켰다. 마메르티네는 더 이상 로마의 지원이 필요 없었지만, 로마는 다짜고짜 메사나에 상륙했고 카르타고군을 메사나에서 몰아냈다.

이렇게 해서 '제1차 포에니* 전쟁'이 시작되었다. 로마는 즉시 시라쿠사와 메사나 두 세력과 동시에 동맹을 체결했다. 그러면서 시칠리아 섬 동쪽 해안 지역을 장악했고, 이탈리아반도 외부에 최초로 거점을 마련하게 되었다.

시칠리아 섬에서 가장 중요한 내륙 도시는 아그리겐툼이었다. 이곳에서 카르타고는 기스코의 아들 한니발⁑의 지휘 아래 병력을 모았다. 기원전 262년 로마는 곧 아그리겐툼을 포위 공격했지만, 헤라클레아에 상륙한 한노가 후방에서 한니발을 지원하면서 로마군은 난항에 빠졌다. 카르타고군과 로마군이 접전을 벌인 끝에 승리는 로마에게 돌아갔다. 로마군의 보병이 훨씬 우세했기 때문이다. 아그리겐툼은 로마의 손에 넘어갔고, 카르타고는 해안 도시 몇 군데만 차지할 수 있었다.

* '포에니(Punic)'라는 단어는 '포에니키(Phoenici)'에서 유래되었다. 카르타고인들은 원래 지중해 동쪽 연안에 있던 페니키아에서 온 사람들이었다고 전해진다. 이들의 최초 통치자는 디도 여왕이었다.

⁑우리에게 잘 알려진 하밀카르의 한니발과 동명이인이다.

뱃머리에 '발판 다리'를 설치한 로마 전함(상상도)

　로마는 함대의 필요성을 절감하기 시작했다. 카르타고의 무
적 함대가 바다를 온통 지배하고 있었기 때문이다. 카르타고 함
대는 시칠리아 섬의 수많은 항구를 장악했을 뿐 아니라 이탈리
아 자체를 위협하기까지 했다. 로마는 곧바로 작업에 착수했
다.* 난파된 카르타고의 전함을 모델로 삼아 배를 만들었고, 마
침내 기원전 260년 봄에 120척의 전함을 가진 해군 병력을 갖
추게 되었다.

　로마의 전함은 적의 함대를 세게 부딪쳐 침몰시키기 위한 목
적으로 전면에 강철로 된 앞부리를 달았다. 그리고 뱃머리에 적
의 배에 내릴 수 있는 '발판 다리(일명 까마귀)'를 설치해 놓았
다. 이 발판 다리 끝에는 날카로운 쇠갈고리가 달려 있어서 적

이 다가오면 빠르게 내려 적선 갑판에 고정시킬 수 있었다. 로마 해군은 이 발판 다리를 밟고 적군의 배로 넘어가 육지 위에서 싸우듯 백병전을 치렀다.

이후로 네 번에 걸친 해전이 벌어졌다. 시기 순으로 나열하면, 리파라 해전(B.C. 260), 밀라에 해전(B.C. 260), 틴다리스 해전(B.C. 257), 에크노무스 해전(B.C. 256)이다.

첫 번째 리파라 해전에서는 집정관 그나에우스 코르넬리우스 스키피오가 단 17척의 배를 이끌고 출정했다. 그러나 로마 함대는 카르타고 해군에 나포당하고 말았다.

두 번째 해전은 밀라에 근처 바다에서 벌어졌는데, 이번에는 가이우스 두일리우스의 지휘 아래 로마의 모든 전함이 투입되었다. 카르타고군은 기스코의 아들 한니발이 이끌었다. 이 전투에서는 로마가 새로 발명한 '발판 다리'가 꽤 효과를 보았다. 결국 카르타고군은 패배했고 함대의 절반을 잃고 말았다. 로마는 승리를 기념하며 카르타고 전함의 앞부리를 떼어 로마 시 중앙에 세워두었다.

세 번째 해전은 틴다리스 앞바다에서 벌어졌고 무승부로 끝이 났다.

네 번째 에크노무스 해전에서는 카르타고가 350척의 배를 끌고 나왔다. 이 전투에서 카르타고의 배 30척, 로마의 배 24척이 침몰했고, 카르타고의 배 64척은 나포되었다. 카르타고 함대는 아프리카 해안으로 퇴각해 카르타고 만에서 배수의 진을 쳤다. 하지만 로마 함대는 곧장

* 에크노무스 해전이 일어나기 3년 전인 기원전 259년에 루키우스 스키피오의 지휘 아래 로마는 코르시카 섬의 항구 도시인 블레시아를 함락해 해군 기지로 만들었다.

카르타고 쪽으로 가지 않고 동쪽으로 곶을 끼고 돌아 클리페아 해변에 상륙했는데 아무도 맞서는 이가 없었다.

　집정관 마르쿠스 아틸리우스 레굴루스는 로마군을 이끌고 아프리카로 파견되었다. 얼마간 레굴루스의 원정은 꽤 성공적이었고, 카르타고는 낙담했다. 카르타고 주변 도시들이 로마군에 항복했으며, 카르타고 자체도 곧 위험에 처했다. 카르타고는 이내 강화 조약을 요구했는데, 조건들이 너무 굴욕적이라 로마 입장에서는 받아들일 수가 없었다.

　상대를 얕잡아 보기 시작한 레굴루스는 카르타고 근처에 있는 투니스에서 크게 움직이지 않고 있었다. 심지어 클루페아에서 퇴각선을 확보하지 않은 채 진을 쳤다. 이듬해인 기원전 255년 봄, 결국 레굴루스의 군대는 카르타고에 크게 패하고 지휘관도 포로로 잡혀 나중에 카르타고에서 죽임을 당했다.

　이번 패전으로 경각심을 갖게 된 로마는 클루페아에 갇혀 있는 전우들을 구하기 위해 전함 350척을 보냈다. 로마 함대는 아프리카로 향하던 중 카르타고 함대를 맞아 114척의 적선을 침몰시키는 쾌거를 거두었다. 그리고 제때 클루페아에 도착해 전우들의 생명도 구할 수 있었다.

　하지만 당장 아프리카에서 전쟁을 벌이는 것은 무리였다. 로마 함대는 다시 고국으로 돌아왔는데, 중간에 폭풍우를 만나는 바람에 겨우 배 80척만 고국의 항구에 닿을 수 있었다. 이후로도 6년 동안 크고 작은 전투가 이어졌지만 별다른 성과는 없었다.

　이제 카르타고가 시칠리아 섬에서 점령하고 있는 지역은 드레파나와 릴리바에움 두 곳뿐이었다. 로마군은 릴리바에움을 정면으로 공격하기로 마음먹고, 바다와 육지 모두 봉쇄해 버렸다. 하지만 포위당한 쪽만큼이나 포위하는 쪽도 쉽지 않은 싸움이었다. 카르타고의 기병이 로마의 보급품을 중간에서 계속 차단했기 때문이다. 게다가 전염병까지 돌아 로마 병사들은 야위어 가기 시작했다.

기원전 249년, 포위 작전을 펼치고 있던 집정관 푸블리우스 클라디우스는 드레파나에 정박해 있는 카르타고의 함대를 기습 공격하기로 했다. 그러나 공격에 실패하고 전함 4분의 3을 잃고 말았다. 지원하러 오던 120척의 전함도 폭풍우를 만나 모두 난파되었다.

로마인들은 당혹감을 감출 수 없었다. 벌써 전쟁은 15년간 이어져 왔다. 총 4개의 함대를 상실했고 전체 전투 병력의 6분의 1이 전사했다. 로마는 아프리카에서 벌인 전쟁에서 실패했다. 시칠리아 섬에 있는 두 도시도 여전히 적의 손에 있었다. 전쟁은 이후로도 6년간 질질 끌며 이어졌다(B.C. 249~B.C. 243).

한편, 카르타고의 새 지휘관 하밀카르 바르카가 시칠리아 섬으로 출정했다. 하밀카르는 매우 열정적이고 군사적 재능도 뛰어난 인물이었다. 처음에 로마군은 하밀카르를 당해 낼 수 없었다. 마치 그가 시칠리아 섬 전체를 탈환할 것만 같았다. 그럼에도 로마 원로원은 이 사태에 무관심했다. 결국 일부 로마 시민들이 사비를 털어 가며 200척의 전함을 준비해 주었다.

기원전 242년, 집정관 가이우스 루타티우스 카툴루스가 이끄는 로마군은 적을 기습 공격하는 데 성공해, 드레파나와 릴리바에움 두 항구 도시를 점령할 수 있었다. 이듬해 도시를 탈환하러 오던 카르타고의 함대는 중간에 로마 함대를 만나 완파당했다. 결국 하밀카르는 시칠리아 섬에서 지원도 받지 못한 상태로 고립되어 있었다. 그는 강화 조약 밖에는 살아남을 길이 없다고 생각했다.

마침내 카르타고는 시칠리아 섬에서 완전히 손을 뗐다. 또 전쟁에 대한 10년 동안 막대한 배상금을 지불해야 했다. 로마와 카르타고의 제1차 포에니 전쟁은 이렇게 로마의 승리로 막을 내렸다.

제1차 포에니 전쟁 이후

　제1차 포에니 전쟁이 끝나고 제2차 포에니 전쟁이 발발하기 전까지 23년이라는 공백기가 있었다. 이 기간 초반에 카르타고는 용병들의 반란을 진압했다.

　시칠리아 섬을 장악한 로마는 이 기회를 이용해 사르디니아 섬과 코르시카 섬까지 손에 넣었다. 이에 반감을 품은 카르타고가 로마에 전쟁을 재개하겠다고 위협하자, 오히려 로마는 엄청난 액수의 벌금을 부과해 버렸다.

　시칠리아 섬, 사르디니아 섬, 코르시카 섬을 얻은 로마 정부는 새로운 체제를 도입했는데, 이른바 '속주 체제(Province System)'였다.

　지금까지는 로마의 최고 정무관인 두 명의 집정관이 로마의 식민지에 통치권을 행사했다. 그런데 식민지에 변화가 생겼다. 시칠리아 섬이 새로운 식민지, 즉 '프로

빈키아(Provincia)'라고 불리는 속주가 되었다. 사르디니아 섬과 코르시카 섬도 또 다른 속주로 편입되었다.

각각의 속주는 '총독(Proconsul)'을 두어 다스리게 했다. 또 두 명의 법무관(Praetor)을 추가로 뽑아 각 속주에 파견했다. 법무관의 정원이 4명으로 늘어난 것이다. 속주 총독의 권한은 절대적이었다. 속주 안에서 총독은 군 지휘관이자 최고 정무관이자 최고 재판관이었다.

속주의 재정은 한 명 이상의 재무관이 맡아보았다. 속주민들은 로마의 재무부에 세금을 납부해야 했다. 세금은 생산물의 10분의 1에 해당되었으며, 수출입품에는 5퍼센트의 부가 가치세가 붙었다. 속주민들에게 병역 의무는 따로 부과되지 않았다.

속주 정부는 부정부패의 온상이 되기도 했다. 탐욕스러운 통치자들은 자신의 금고를 채우기 위해 속주민을 무자비하게 약탈했다.

이 시기 아드리아 해에는 일리리아의 해적들이 들끓고 있었다. 로마가 해적들의 요구 사항을 들어주었음에도 불구하고 약탈 행위는 끊이지 않았다. 결국 로마는 마지막 수단으로 해적과의 전쟁을 선포하고 아드리아 해에서 일리리아 해적들을 깨끗이 소탕해 버렸다. 기원전 229년의 일이다.

일리리아 전쟁의 결과는 이것이 전부가 아니다. 이를 계기로 로마와 그리스 도시 국가들 사이에 처음으로 직접적인 정치적 관계가 형성되었다. 이는 로마에게 해적 소탕만큼이나 중요한 일이었다. 로마는 그리스의 코르키라, 에피담누스, 아폴로니아와 동맹을 체결했다. 로마 군대를 그리스로 보내야 하는 이유를

설명하기 위해 아이톨리아와 아카이아, 그리스 본토와 코린트에 사절단을 보내기도 했다. 기원전 228년에 그리스에서 열리는 이스트미아 제전(Isthmian Games)*에 공식적으로 로마인이 참여한 사실은 로마가 그리스의 동맹국임을 보여 주는 것이었다.

이제 로마는 알프스 남부의 갈리아 키살피나에 눈독을 들이기 시작했다. 그곳은 로마의 정복 욕구를 자극하기에 부족함이 없었다. 기원전 283년 바디모니스 전투 이후로 로마는 갈리아족과 평화 관계를 유지하고 있었다. 그때 갈리아족으로부터 얻은 국유지는 여전히 비어 있었다. 기원전 232년 집정관 가이우스 플라미니우스*는 농지법을 실시해 이 땅을 퇴역 군인과 하층민들에게 나누어 주었다. 농지법이 시행되면서 식민지도 개척되기 시작했다. 하지만 갈리아족의 눈에는 로마가 자신들의 영토를 빼앗기 위한 첫걸음으로 보였다. 결국 그들은 무기를 들고 일어섰다. 한편 갈리아족의 한 종족인 케노마니족는 봉기에 합류하지 않았다.

갈리아족의 봉기는 10년 동안 지속되었고, 마침내 7만 명의 갈리아족이 에트루리아 지방으로 쳐들어왔다. 하지만 갈리아족은 뜻대로 그 지역을 차지하지 못했고, 기원전 222년 텔라몬 근처에서 로마 군대에 둘러싸여 전멸 당했다. 이때 갈리아족의 왕이 집정관 마르쿠스 클라우디우스 마르켈루스의 손에 죽임을 당했다.

이제 로마는 명실공히 이탈리아반도의 주인이 되었

* 코린트 지협에서 열린 대규모 체육 경기이다. 당시 경기는 달리기, 높이뛰기, 원반던지기, 투창, 레슬링 등 다섯 종목이었고, 경기 우승자에게는 화관(花冠)이 수여되었다.

* 가이우스 플라미니우스는 농지법을 실시해 귀족들의 원성을 샀다. 그는 시칠리아 섬의 첫 번째 총독이었는데, 이후의 총독들과는 달리 청렴하고 정직했다.

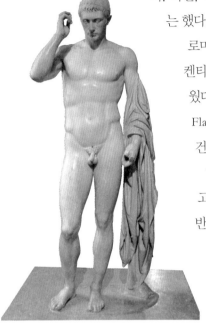

마르쿠스 클라우디우스 마르켈루스

다. 다만, 리구리아 지방의 몇몇 부족이 버티고 있기는 했다.

로마는 갈리아족을 관리 감독하기 위해 플라켄티아, 크레모나, 무티나를 군사 식민시로 세웠다. 북부의 큰 도로인 '플라미니아 가도(Via Flaminia)'가 스폴레티움에서 아리미눔까지 건설되었다.

한편, 이 시기에 카르타고도 마냥 손을 놓고 있지는 않았다. 기원전 237년 용병들의 반란을 진압한 뒤, 카르타고는 시칠리아와 사르디니아, 코르시카를 잃은 손실을 보완하기 위해 에스파냐 지방을 손에 넣을 계획을 세웠다. 하밀카르 바르카는 에스파냐 남부과 남동부 지역에 확고한 거점을 마련했다.

하밀카르 바르카가 죽자 그의 양자인 하스드루발이 아버지의 대업을 이었다. 에스파냐 지방에 많은 도시를 세우고 무역을 활성화시켰으며, 농업도 장려했다. 카르타고 노바(Cartago Nova, 새로운 카르타고) 근처에서는 풍부한 은광이 발견되어 카르타고의 국고를 넉넉하게 채워 주었다. 기원전 220년 하스드루발이 암살당한 이후에, 젊고 유능한 지도자인 하밀카르의 아들 한니발이 그 뒤를 이었다. 비록 28세의 젊은 나이였지만 전쟁 경험은 누구보다 풍부했다. 어릴 때부터 아버지의 부대에서 용맹함과 뛰어난 능

플라미니아 가도

력을 보여 주었다. 운동 경기에서 남다른 실력을 자랑했고, 군인으로서의 임무에도 밝았으며, 잠과 음식이 부족해도 끈질기게 참아낼 줄 알았다. 또 몇 년간 기병을 지휘한 적이 있었는데, 이때 개인적인 용맹함뿐 아니라 군사를 이끄는 지도자의 자질도 눈에 띄었다.

한니발은 지체하지 않고 로마와의 불가피한 싸움을 수행하기로 마음먹었다. 그는 곧바로 로마의 동맹시인 사군툼을 포위했다. 기원전 219년 사군툼은 8개월간 버틴 끝에 항복하고 말았다. 로마는 배상을 요구하며 선전 포고를 했고, 카르타고는 도전을 받아들였다. 기원전 218년, 바야흐로 제2차 포에니 전쟁의 서막이 열렸다.

제2차 포에니 전쟁:
이탈리아 원정에서
칸나에 전투까지

    기원전 218년 봄, 한니발은 이탈리아를 침공하기 위해 에스파냐 지방의 카르타고 노바를 떠났다. 한니발의 군대는 보병 9만 명, 기병 1만 2,000명, 전투 코끼리 37마리로 이루어져 있었다. 그런데 두 달 동안 피레네산맥에서 발이 묶여 있었다. 에스파냐 지방에 있던 로마의 동맹시들이 강하게 반발하고 나섰기 때문이다. 한니발은 보병 5만 명, 기병 9,000명, 전투 코끼리 37마리만 남기고 나머지는 돌려보냈다. 이 부대를 이끌고 피레네산맥을 넘어 나르보와 네만수스 해안에 이르렀다. 켈트 족의 땅 (갈리아 지방)을 지날 때는 큰 저항이 없었다. 기원전 218년 7월 말에는 아비뇽 근처의 론 강에 이르렀다. 로마인들은 한니발 부대의 번개 같은 진군 속도에 놀라움을 금치 못했다.

    그해 로마의 집정관은 스키피오와 셈프로니우스였다. 북부

제2차 포에니 전쟁

이탈리아에 있던 스키피오는 에스파냐 지방에 있는 한
니발을 공격하기 위해 여유롭게 군사를 모으고 있었다.
시칠리아 섬에 있던 셈프로니우스는 아프리카 침공을
준비 중이었다. 드디어 스키피오는 에스파냐로 출항했
고 기원전 218년 6월 말 즈음 마실리아에 잠시 들렀다.
그런데 거기서 한니발이 이미 에스파냐를 떠났다는 소

식을 처음 듣고는 론 강에서 방어해야겠다고 생각했다. 근처에 있던 켈트 부족들은 스키피오의 로마군에 포섭되었다. 이렇게 소집된 부대는 론 강을 따라 진을 쳤고, 스키피오의 주력 부대는 마실리아에 남아 있었다.

한니발은 스키피오의 군대가 이르기 전에 론 강을 건너려고 했다. 사용 가능한 배는 모조리 구했고 부대를 태울 뗏목도 수없이 만들었다. 한니발은 선봉대를 강 상류로 보냈다. 선봉대는 강 상류에서 건널 수 있는 지점을 확인하고 강 건너에 있는 켈트족을 기습 공격했다. 계획은 성공적이었다. 진을 치고 있던 켈트족이 놀라 달아나는 바람에 이제 알프스산맥까지 가는 길이 활짝 열렸다. 이렇게 스키피오는 한니발과의 첫 전투에서 전술로 패배했다.

이제 스키피오는 모든 부대를 이끌고 이탈리아 북부로 가서 수단과 방법을 가리지 않고 한니발을 막아야 했다. 그런데 예상과 다르게 대부분의 부대를 에스파냐 지방에 있는 형제 그나이우스 스키피오에게 보냈고, 자신은 소수의 인원만 데리고 파사이를 향해 출항했다.

그 사이 한니발은 서둘러 이사라 강을 건너고 비옥한 알로브로게스를 지나 알파인산맥에 도착했다. 아비뇽을 떠난 지 16일 만이다. 지형이 험하고 켈트족의 저항에 부딪혀 알파인산맥을 힘겹게 넘었다. 그럼에도 한니발은 지체하지 않고 이사라 강의 북쪽 유역을 따라 켄트로네스족이 사는 지역을 지나갔다. 이사라 강을 떠나 프티생베르나르 고개*에 도달했다. 이곳에서도 켈트족의 공격을 받게 되었고 끝없이 피를 흘리며 싸워야 했다.

밤낮으로 싸우며 고개를 오른 끝에 드디어 정상에 이르렀다. 한니발 부대는 이 고원에서 잠시 꿀맛 같은 휴식을 취했다.

고원에서 내려오는 일 역시 고행이었지만, 지치고 굶주린 병사들 눈앞에 포 강 유역의 비옥한 땅이 그림같이 펼쳐져 있었다. 기원전 218년 9월에 한니발 부대는 이곳 포 강 유역에서 천막을 치고 소진된 기운을 되찾았다. 론 강에서 포 강까지 한니발 부대의 진군은 33일이 걸렸다. 그 사이 보병 2만 명과 기병 3,000명이 목숨을 잃었다.

로마는 여전히 한니발과 맞서 싸울 준비가 되어 있지 않았다. 한 군단은 에스파냐 지방에 있는 그나이우스 스키피오가 지휘하고 있었고, 또 한 군단은 셈프로니우스의 지휘 아래 아프리카 침공을 위해 시칠리아 섬에 주둔해 있었다. 지금 즉시 이용 가능한 병력은 갈리아족을 진압하기 위해 포 강 유역에 파견된 소수의 부대뿐이었다.

마실리아에서 돌아온 푸블리우스 코르넬리우스 스키피오가 이 부대를 지휘했다. 기원전 218년 10월 스키피오는 포 강의 지류인 티키누스 강 근처에서 한니발과 처음으로 대면했다. 두 부대의 기병전이 벌어졌는데, 스키피오가 싸우는 과정에서 상처를 입게 되었다. 이때 17세의 어린 아들이 아버지를 구했다. 그가 바로 그 유명한 아프리카누스였다. 큰 피해를 입은 로마는 당혹감을 감추지 못했다.

* 프랑스와 이탈리아 사이의 국경을 이루는 알프스산맥의 고개이다.

알프스산맥을 넘는 한니발 부대(하인리히 로이테만 作)

　결국 로마군은 퇴각해 플라켄티아에서 포 강을 건넌 뒤 자신들이 건너온 다리를 파괴했다. 한니발은 강 상류로 거슬러 올라가 얕은 강을 걸어서 건넜다. 그런 다음 강 오른편 둑을 따라 트레비아 강과 합류하는 지점에 이르렀고, 그곳에 진을 쳤다. 그 사이 시칠리아 섬에서 지원 요청을 받은 셈프로니우스는 스키피오가 있는 곳으로 달려갔다.

  기원전 218년 12월의 어느 몹시 추운 겨울날 아침, 한
니발 부대의 선봉대가 트레비아 강을 건넜고 곧 로마군
의 저항에 막혀 퇴각했다. 나머지 한니발의 본대는 적군
이 퇴각하는 선봉대를 쫓아오기만을 기다렸다. 아니나
다를까 셈프로니우스는 결국 덫에 걸리고 말았다. 셈프
로니우스의 부대는 한니발 부대에 처참하게 짓밟혔다.
살아남은 병사들은 플라켄티아와 크레모나로 대피했고,
거기서 그해 겨울을 보내야 했다. 셈프로니우스는 혼자
서 로마로 도망쳤다.

  전투 결과 포 강에 있던 켈트 부족들은 한니발 편으로
들어갔다. 이제 한니발 부대는 보병 6만 명, 기병 4,000
명에 이르렀다. 한니발 부대가 플라켄티아 근처에서 겨
울을 나는 동안, 로마군은 로마로 들어오는 두 개의 큰
도로를 지켰다. 하나는 아레티움에서 로마에 이르는 길
이고, 또 하나는 아리미눔에서 로마에 이르는 길이었다.
그해의 집정관은 가이우스 플라미니우스와 그나이우스
세르빌리우스였다. 전자는 아레티움에, 후자는 아리미
눔에 주둔했다. 그들은 플라켄티아에서 겨울을 났던 로
마 병사들과 합류했다.

  이듬해 봄에 한니발은 도로를 통해 로마로 곧바로 진
군하지 않고 로마군을 피해 빙 돌아서 행군했다. 한니발
부대가 지나가는 경로는 눅눅한 습지가 많은 비위생적
인 지대였기 때문에, 병에 걸려 죽는 병사들이 많이 생
겨났다. 이때 한니발 자신도 한쪽 눈에 염증이 생겨 실

명하고 말았다. 한니발이 파에술라에 도착했을 때, 한니발의 진로가 처음으로 플라미니우스의 귀에 들어갔다. 플라미니우스는 서둘러 주둔지를 철수하고 적군을 막으러 갔다. 하지만 한니발은 이미 앞서가고 있었고, 벌써 트라시메누스 호수 근처에 이르렀다.

이 지역은 한쪽에는 높은 언덕이 솟아 있었으며 다른 한쪽에는 호수가 펼쳐져 있었다. 그리고 호수와 언덕 사이에 좁은 길이 나 있었다. 한니발과 보병 정예 부대는 언덕에 주둔했고, 경장 보병과 기병대는 도로 쪽에 매복했다.

뒤따라온 로마군은 주저하지 않고 호수 옆 좁은 길을 줄지어 통과했다. 5월의 아침 안개가 짙게 깔려 있어 적군의 위치가 전혀 확인되지 않았다. 로마군의 선두가 어느 정도 길을 통과하자 한니발은 공격 신호를 내렸다. 한니발 부대의 기병대는 도로 입구를 차단했다. 그와 동시에 안개가 걷히고 언덕 위에 있던 한니발 부대가 모습을 드러냈다. 로마의 본대는 아무런 저항도 못하고 무너져 내렸고 집정관도 죽임을 당했다. 5,000명의 로마군이 전사하고 그보다 더 많은 수가 생포되었다. 카르타고군에서 전사한 병사는 1,500명에 불과했다. 그것도 대부분 갈리아족 동맹시 사람들이었다. 에트루리아 전 지역은 카르타고의 손에 넘어갔다. 한니발은 이제 막힘없이 로마로 진군할 수 있었다. 로마 시민들은 티베르 강에 있는 다리를 부수고 초조하게 한니발의 포위 공격에 대비하고 있었다. 이때 퀸투스 파비우스 막시무스가 독재관으로 임명되었다.

그러나 한니발은 예상과 달리 로마로 곧장 내려가지 않고 움브리아 지방 쪽으로 방향을 틀었다. 그리고 가는 도시마다 폐허로 만들어 놓았다. 아펜니노산맥을 넘은 한니발은 피케눔 지방의 아드리아 해 해변에서 행군을 멈췄다. 이곳에서 군대를 잠시 쉬게 한 뒤에 해안을 따라 이탈리아 남부로 내려왔다.

당장의 위험에서 벗어난 로마 시민들은 다시 군대를 소집하고 독재관에게 지휘를 맡겼다. 독재관 파비우스는 강직하고 투지가 강한 사람이었다. 그는 총력전은 피하고 후방에서 적군을 교란시키며 물자 공급을 차단하는 작전을 세웠다.

퀸투스 파비우스 막시무스

그동안 한니발은 다시 아펜니노산맥을 넘어 이탈리아의 내륙으로 들어와 베네벤툼에 이르렀다. 베네벤툼부터 카푸아까지 이탈리아의 수많은 도시들이 로마에 의존하는 상황이었다. 그런데 독재관 파비우스는 적군의 기병이 동맹시들을 마구 약탈하고 있는 동안에도 그저

지켜만 보고 있어야 했다. 그러다가 마침내 파비우스는 본인이 생각하는 공격하기 좋은 기회를 얻게 되었다. 카푸아라는 도시는 한니발이 기대했던 것과 달리 우호적이지 않았다. 게다가 한니발은 그 도시를 공격할 준비가 되어 있지 않아 아드리아 해 쪽으로 물러나려고 했다. 이때 파비우스는 볼투르누스 강의 왼쪽에 있는 카실리눔 근처에서 한니발을 가로막았다. 그리고 강 오른쪽에 있는 나지막한 산에도 군대를 주둔시켰고, 강을 가로지르는 도로도 힘센 병사들이 지키게 했다.

하지만 한니발도 묘책을 생각해냈다. 경장 보병들에게 한밤중에 로마군이 주둔해 있는 산 속으로 뿔에 햇불을 매단 소 떼를 보내도록 명령했다. 마치 수많은 군대가 햇불을 들고 뛰어가는 모습처럼 보였다. 작전은 대성공이었다. 로마군은 지키고 있던 도로를 내버리고 모두 적군을 따라 산으로 올라갔다. 물론 그들이 따라간 것은 적군이 아니라 소 떼였다. 한니발은 뻥 뚫린 도로 위를 거침없이 진군할 수 있었다.

한니발 부대는 빙 돌아가는 길을 따라 북동쪽으로 향했다. 곧 루케리아에 도착했는데, 한창 추수할 때라 그런지 창고가 곡식으로 그득했다. 카르타고군은 이 부근에 진을 치고 필요한 식량을 넉넉히 얻었다.

로마 시에서는 파비우스의 정책을 심하게 비난했다. 많은 시민들이 소극적인 대처에 불만을 토로하면서, 그를 굼벵이라는 뜻의 '쿵크타토르(Cunctator)'라고 불렀다. 의회는 독재관 파비우스의 지휘권을 그의 부관인 마르쿠스 미누키우스와 나누어야 한다고 결정했다. 군대도 둘로 나누었다. 마르쿠스가 지휘하

는 부대는 기회가 되는 대로 한니발을 공격하고자 했다. 그러나 파비우스가 이끄는 부대는 예전의 전략을 고수했다. 기회가 생긴 마르쿠스는 한니발을 공격했는데, 경솔한 나머지 큰 피해를 입고 말았다. 거의 전멸 위기에 놓였지만 파비우스의 지원으로 간신히 퇴각할 수 있었다. 한니발은 기원전 217년에서 기원전 216년으로 넘어가는 겨울에는 로마군의 공격을 받지 않았다.

이 기간에 로마는 다가올 봄을 준비했다. 보병 8만 명과 기병 6,000명을 마련하고 집정관 루키우스 아이밀리우스 파울루스와 가이우스 데렌티우스 바로에게 지휘를 맡겼다. 로마는 한니발과의 전면전을 한 번 더 시험해 보기로 했다. 한니발 보병의 전력은 로마 보병의 절반밖에 되지 않았지만, 기병은 한니발 부대가 훨씬 우세했다.

기원전 216년 초여름 두 집정관은 병력을 아우피두스 강 하구에 있는 작은 마을 칸나에에 총집결시켰다. 6월의 어느 이른 아침, 강의 왼쪽 둑에 군대를 모으고 양편에 기병을 배치했다. 부대의 오른쪽은 파울루스가, 왼쪽은 바로가 맡았다. 중앙은 전직 집정관인 세르빌리우스가 지휘했다.

카르타고군은 초승달 모양으로 부대를 배치했고 측면에 기병을 두었다. 로마와 카르타고 양쪽 군대는 동시에 서로를 향해 진격했다. 전투는 시작부터 참담했다. 로마 병사들은 고향에 있는 아내와 자식들을 생각하며 용감

칸나에 전투에서 아이밀리우스 파울루스의 죽음(존 트럼벌 作)

하게 싸웠지만 좌우 중앙 모두 무너졌다. 무려 7,000명이 전사
했는데, 그중에는 파울루스, 세르빌리우스를 비롯한 많은 정무
관들이 포함되어 있었고 원로원직에 있던 사람들도 80명이나
되었다. 칸나에 전투는 지금까지 로마가 겪은 전투 중 가장 참
담한 패배를 가져왔다. 이제 라틴 식민시와 그리스 도시를 제외
한 이탈리아 남부 전체가 한니발의 손에 넘어갔다.

제2차 포에니 전쟁:
칸나에 전투에서
자마 전투까지

　　로마는 칸나에 전투의 패배로 큰 충격에 빠졌다. 하지
만 완전히 무너지지는 않았다. 공동의 위기에 대처하기
위해 라티움 동맹에 속한 모든 군대가 소집되었다. 어린
아이부터 노인까지 모두 다 무기를 들었다. 심지어 노예
들에게도 전쟁에 참여하면 자유를 허락하겠노라고 약속
했다.

　　한니발은 칸나에에서 캄파니아로 이동했다. 그는 이
탈리아에서 두 번째로 큰 도시인 카푸아를 자기편으로
넘어오도록 유도했다. 하지만 다른 도시들도 카푸아처
럼 넘어올 거라는 기대는 산산이 무너졌다. 한니발은 하
는 수 없이 동계 야영지로 자리를 옮겼다. 그런데 당시
사치를 좋아하고 유약한 카푸아인들조차 한니발의 병사

카르타고의 장군 한니발

들에게 부상을 입혔다고 한다. 한니발은 장군으로서 타의 추종을 불허할 만큼 뛰어났지만, 이즈음부터 일이 잘 풀리지 않았다. 고국의 지원이 충분하지 않았기 때문이다. 게다가 카르타고보다 로마가 더 많은 자원을 보유하고 있었다.

라티움 동맹 도시들도 로마에 대한 충성심이 변하지 않았다. 오로지 한 도시만 한니발의 수중에 있을 뿐이었다. 한니발은 야전에서 적군을 정복하는 일은 어렵지 않았다. 오히려 자기 군대에 물자를 보급하는 게 어려웠다. 이탈리아 전체가 폐허가 되어 있었기 때문이다. 반면, 로마군은 시칠리아 섬이 있었기 때문에 물자 보급에 큰 어려움이 없었다.

한니발은 좀 더 적극적인 조치가 필요하다고 생각했다. 그는 카르타고에 지원 요청을 보냈다. 또 마케도니아의 필리포스 5세와 동맹 관계를 체결했고, 에스파냐 지방에 있는 부관 하스드루발 바르카에게도 지원을 강하게 촉구했다. 한니발은 카르타고, 마케도니아, 에스파냐의 군대를 총집결하여 로마로부터 항복을 얻어낼 생각이었다.

이와 같은 한니발의 상황을 알게 된 로마는 스키피오 형제에

게 에스파냐 지방의 병력을 잘 유지하게 했다. 그렇게 함으로써 에스파냐 지방의 카르타고군이 한니발을 지원하지 못하도록 저지하고자 했던 것이다. 이와 동시에 그리스 북부에 있는 로마군은 필리포스를 계속 주시했다. 그 결과 기원전 214년부터 기원전 212년까지 2년 동안 이탈리아 내 카르타고군의 상황은 사실상 나아진 게 없

라티나 가도

었다.

　기원전 212년 카르타고군은 이탈리아 남단에 이르러 타렌툼을 포위했다. 그사이 로마는 캄파니아 지방, 특히 카푸아를 회복시키려고 노력했다. 이를 알게 된 한니발은 냅다 북으로 진군했는데, 카푸아의 방어선을 도저히 뚫을 수가 없었다. 그래서 이번에는 로마로 곧장 진군하고자 마음먹었다.

　한니발은 조용히 그리고 신속하게 '라티나 가도(Via Latina)'를 타고 로마 영토의 심장부를 향해 진격했다. 한니발은 선봉대와 함께 로마 시에서 3마일 이내 지점에 도착했고, 심지어 한니발 자신이 직접 성문을 타고 오르기까지 했다. 하지만 한니발과 연합하는 동맹 도시도 없었고 로마에서는 강화 조약을 제기하지도 않았다. 로마의 확고한 자신감을 통감한 한니발은 재빠르게 퇴각해 이탈리아 남부의 근거지에 머물렀다.

　기원전 211년, 결국 한니발 편을 들었던 카푸아는 몰락하고 전장은 루카니아와 브룬티움 지방으로 옮겨졌다. 카푸아에 내려진 형벌은 가혹했다. 카푸아의 원로원 70명이 사형을 당하고 주요 시민 300명이 투옥되었다. 그리고 나머지 시민들은 모두 노예로 팔려 갔다. 카푸아와 그에 딸린 영토는 로마의 영토가 되었는데, 나중에 그곳에는 로마인들이 와서 살았다.

　이것이 카푸아라는 도시의 운명이었다. 로마와 비슷한 시기에 세워진 카푸아는 모든 예술과 문화의 본거지로서 마그나 그라이키아 중 가장 번성한 도시였지만, 그렇게 역사 속으로 사라지고 말았다.

시라쿠사의 멸망

　시칠리아 섬 시라쿠사의 독재자인 히에로 2세가 기원
전 216년에 죽었다. 그는 50년 넘게 시라쿠사를 통치했
는데, 카르타고와 싸우고 있는 로마와 강한 동맹 관계를
유지했다. 히에로 2세의 손자이자 왕위 계승자인 히에로
니무스는 카르타고가 시라쿠사의 동맹국으로 더 적합하
다고 생각했다. 하지만 이 젊은 독재자는 오만하고 잔인
한 성격 탓에 왕위에 오른 지 얼마 되지 않아 암살당하
고 만다.

　시칠리아 섬의 로마 총독 마르켈루스는 시라쿠사 내
부에 있는 친-카르타고파 때문에 골머리를 앓았다. 그
래서 이들을 도시에서 내쫓지 않으면 시라쿠사를 공격

아르키메데스의 오목 거울로 로마 함대를 공격하는 시라쿠사(줄리오 파리지 作)

할 것이라고 협박했다. 결국 친-카르타고파는 로마와 시라쿠사 내부의 친-로마파에 반대하는 이웃 도시 레온티니의 시민들을 선동했다. 마르켈루스는 곧장 레온티니를 공격해 초토화시켰다. 그때 시라쿠사는 성문을 완전히 닫아걸었다. 2년 동안 로마의 포위 공격이 이어졌는데, 당시 유명한 수학자이자 발명가인 아르키메데스*가 로마군의 공격을 방어하는 다양한 기구를 고안해냈다. 하지만 시라쿠사는 끝내 로마의 공격에 굴복하고 만다. 마르켈루스는 시라쿠사의 뛰어난 예술품들을 로마로 실어날랐다. 기원전 212년부터 시라쿠사는 로마 총독의 주재지가 되었다.

에스파냐 지방의 전투

푸블리우스 코르넬리우스 스키피오는 그의 형제 그나이우스 코르넬리우스 스키피오 칼부스와 함께 한노와 하스드루발이 이끄는 카르타고군을 상대로 연승 행진을 하고 있었다. 그중 가장 큰 전투는 기원전 215년 이베라 전투였다. 에스파냐 지방은 점점 로마 편으로 넘어오고 있었는데, 바로 그때 기원전 212년 필사적인 노력을 벌이던 카르타고가 대규모의 부대를 에스파냐 지방으로 보냈다. 결국 스키피오 형제의 부대는 적에게 제압되고 말았다. 두 형제 역시 전사했고 에스파냐 지방은 로마의 손에서 떠나고 말았다.

만약 스키피오 형제가 에스파냐 지방의 카르타고군을 막지

제1부 로마의 탄생

제2부 로마 공화국의 발전

제3부 포에니 전쟁

제4부 공화정의 위기와 몰락

제5부 카이사르의 시대

제6부 로마 제국의 탄생

제7부 로마 제국의 몰락

않았다면, 카르타고군은 이미 알프스산맥을 넘어 이탈리아로 들어가 한니발 부대에 합류했을 것이고, 로마는 굉장히 위험한 상황에 처하게 되었을 것이다. 전사한 장군의 아들인 푸블리우스 코르넬리우스 스키피오는 비록 24세였지만 자기 스스로 에스파냐 지방으로 가서 군대를 지휘하겠다고 제의했다. 예전에 조영관으로서 매우 인기가 많았던 그는 만장일치로 지휘관에 임명되었다. 기원전 210년에 에스파냐 지방에 도착한 스키피오는 에브로 강 서쪽 지역이 모두 적의 손에 넘어간 사실을 알게 되었다.

로마에 다행한 일이지만, 카르타고의 세 장군, 즉 한니발의 형제들인 하스드루발과 마고, 기스코의 아들 하스드루발은 서로 손발이 맞지 않았다. 그 덕분에 스키피오는 이듬해 봄 적의 본거지인 카르타고 노바를 함락시킬 수 있었다. 로마는 훌륭한 항구를 얻었고 18척의 전함과 1만 명의 포로, 그리고 막대한 돈을 손에 넣게 되었다.

머지않아 스키피오는 한니발의 형제인 하스드루발과 바에티스 상류 지역에서 전투를 치렀다. 하지만 전투는 아무런 결과 없이 끝나고 말았다. 하스드루발이 대규모 군사를 이끌고 곧 피레네산맥을 넘어 이탈리아로 갔기 때문이다. 기원전 209년에서 이듬해까지 그는 갈리아 지역에서 겨울을 보냈다.

이제 에스파냐 지방에는 두 명의 카르타고 장수 마고와 기스코의 아들 하스드루발이 남아 있었다. 하스드루

* 아르키메데스는 "나에게 충분히 긴 지렛대를 주면 지구도 움직일 수 있다."는 말로 유명하다. 그는 죽는 순간에도 수학 문제에 너무 몰입한 나머지 자신을 죽이러 로마 병사가 다가오는데도 몰랐다고 한다.

발은 루시티니아에서, 마고는 바레아레스에서 고국의 지원을 기다리고 있었다. 그 다음 해 바에쿨라에서 또 다른 전투가 벌어졌는데, 그때 카르타고군이 완패하여 에스파냐 남서부 지역의 가두스까지 물러났다.

이제 스키피오는 지브롤터 해협을 건너 아프리카로 건너갈 수 있었다. 그는 누미디아의 군주인 시팍스와 마시니사를 방문했다. 그들에게 카르타고에 대한 적대감을 갖게 하고 싶었기 때문이다. 다시 에스파냐로 돌아온 스키피오는 급료에 불만을 품은 군인들의 반란을 진압했다. 그는 지휘관의 자리를 사임하고 로마로 향했다. 로마에서 집정관 후보로 나서기 위해서였다.

하스드루발의 죽음

하스드루발이 접근한다는 소식에 로마는 잔뜩 긴장했다. 로마는 카르타고의 두 형제 하스드루발과 한니발이 연합하지 못하도록 안간힘을 썼다. 그해 기원전 207년의 집정관은 귀족 출신인 가이우스 클라이우스 네로와 평민 출신인 마르쿠스 리비우스였다. 네로는 브루티움에서 한니발을 방어하는 임무를 맡았고, 리비우스는 하스드루발이 이탈리아로 들어오지 못하게 막아야 했다.

하스드루발의 카르타고군은 이미 루비콘 강의 지류인 메타우루스 강 근처에 도달했다. 하스드루발은 한니발에게 전령을 보내 자신이 곧 도착해서 합세할 것이라는 내용을 보냈다. 하지만

전령들이 로마군에 붙잡히는 바람에 네로가 편지의 내용을 알게 되었다. 네로는 곧장 군대를 이끌고 북쪽으로 올라가 리비우스와 합류했다. 기원전 207년 두 집정관의 부대는 메타우루스 강 부근에서 하스드루발과 전투를 치러 카르타고군을 무참히 살육했다. 전사자 중에는 하스드루발도 포함되었다. 네로는 지체하지 않고 바로 남쪽으로 돌아갔다. 한니발은 로마군이 자기 진영에 던져 놓은 하스드루발의 머리를 보고 전투의 결과를 짐작할 수 있었다.

이제 이탈리아에서의 전쟁은 사실상 끝난 것이나 마찬가지였다. 한니발이 브루티움에서 4년 동안 버티고 있었지만 이탈리아 전역에서 빠르게 전력을 회복하는 로마 군대를 막을 힘이 없었다. 아프리카 외에 카르타고가 점령하고 있는 지역은 아무데도 없었다. 단, 한니발이 마지막으로 서 있는 그 땅을 제외하고.

아프리카 침공

에스파냐에서 돌아온 스키피오는 즉시 아프리카로 침공해 들어갔다. 그는 기원전 205년에 집정관에 선출되었고 시칠리아 섬을 속주로 받았다. 스키피오는 꽤 인기가 많았기 때문에 여기저기서 자발적으로 인력과 지원금, 물품 등을 보내왔다. 하지만 구식 귀족들은 스키피오를 그다지 좋아하지 않았다. 특히 그리스의 화려한 문화를 추구하는 취향 때문에 구식 귀족들에게 반감을 샀다. 원로원 의원 중 일부는 스키피오를 다시 로마로 소환하려 했지만 그를 향한 대중의 인기와 열망이 너무 강해 뜻대로 할 수 없었다.

기원전 204년에 스키피오는 릴리바에움에서 출항해 우티카 근처에 상륙했다. 마시니사가 스키피오를 환영했다. 예전에 에스파냐에서 아프리카를 방문했을 때 쌓았던 우정 덕분이었다. 반면, 시팍스는 카르타고 편이었다. 그래서 기원전 203년에 스키피오는 시팍스와 카르타고 군대를 모두 진멸시켰다.

강화 체결을 위한 협상이 이루어졌지만, 카르타고 내부에서는 전쟁파가 우세했다. 한니발이 다시 카르타고로 소환되었다. 기원전 202년 10월 19일 한니발은 카르타고와 가까운 자마에서 로마와 마지막 전투를 벌였다. 자기 지휘관을 무척 좋아하고 그의 군사 기술을 신뢰했던 로마 병사들은 용맹함이 하늘을 찌를 듯했다. 결국 한니발의 병사들은 죽임을 당하거나 달아났고, 한니발과 함께 이탈리아에 남은 정예 부대원들은 사랑하는 장군을 위해 목숨을 아끼지 않고 싸우다가 죽었다. 그렇게 한니발의 부대는 거의 전멸하다시피 했다. 살아남은 한니발은 소수의 병사들과 함께 하드루메툼으로 피신했다. 한니발에게는 생에 처음이자 유

스키피오 아프리카누스

자마 전투(줄리오 로마노 作)

일한 패배였다.

　자마 전투는 서방 지역의 운명을 결정짓는 전투였다. 카르타고의 세력이 무너지고 로마로 패권이 넘어갔다. 카르타고는 현재 보유한 영토를 그대로 유지할 수 있도록 허락받았지만, 10척을 제외한 모든 군함을 로마에 바쳐야 했고 로마의 포로들을 풀어 주어야 했다. 또 50년 동안 매년 로마에 막대한 배상금을 지불해야 했다. 로마의 승인 없이는 어떤 전쟁도 치를 수 없었다. 마시니사는 로마와의 동맹 관계를 지킨 덕분에 영토를 얻을 수 있었다.

스키피오 아프리카누스의 개선 행렬(아폴로니오 디 지오반디 作)

　　로마는 이제 지중해 지역의 최강자가 되었다. 에스파냐 지방
은 두 개의 속주로 나뉘었으며, 아프리카 북부는 로마의 보호령
이 되었다.

　　이것이 바로 17년 간 치른 전쟁의 결과였다. 스키피오는 고국
에서 환영을 받고 '아프리카누스(Africanus)'라는 칭호를 얻게
되었다. 로마는 유례없이 성대한 개선식을 거행했다. 로마 시에
는 승리의 예복을 입고 머리에 면류관을 쓴 스키피오의 석상이
세워졌다. 그는 수많은 명예가 주어졌지만 모두 거절했고, 정치
에서 발을 뺀 채 조용히 살아갔다.

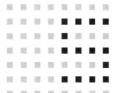

마케도니아 전쟁

이제 로마의 식민지 목록에는 새로운 나라들이 추가
되었다. 예전에 알렉산더 제국의 일부로 속해 있다가 마
침내 로마의 영토에 포함된 왕국들은 이집트, 시리아,
마케도니아, 그리스 본토 등이다.

이집트는 프톨레마이오스가 통치하고 있었다. 이 시
기에는 나일 강 유역, 페니키아, 키프루스, 트라케 지방
의 여러 도시들이 이집트에 포함되었다.

지중해 연안부터 인더스 강 유역에 이르는 시리아는
반(半)독립 상태에 있는 여러 민족으로 구성되어 있었다.
무능한 지도자들 탓에 시리아는 조금씩 영토를 잃어 갔
다. 그러면서 페르가무스, 폰투스, 카파도키아, 프리기
아 등의 국가가 등장했다.

마케도니아는 필리포스 5세가 통치했고, 그리스 북부

의 많은 지역을 포함하고 있었다.

그리스 본토는 아카이아 동맹과 아이톨리아 동맹으로 분열되어 있었다. 전자는 대부분 펠로폰네소스 반도를 포함했고, 후자는 그리스 중부 지방을 포함했다.

피로스를 격퇴한 후부터 로마는 서서히 동방 지역과도 가까워지기 시작했다. 기원전 273년 로마는 이집트와 동맹 관계를 맺었다. 제2차 포에니 전쟁을 치를 때 이집트는 로마에 곡식을 공급해 주기도 했다. 기원전 205년 프톨레마이오스 5세가 왕이 되었을 때는 마케도니아와 시리아의 공격이 두려워 로마의 보호령이 되기를 자처했다.

이집트의 프톨레마이오스 5세

기원전 228년에 일리리아의 해적들을 소탕하면서 로마는 그리스와도 가까워졌다.

이러한 상황에서 로마는 무역을 위해 동방 지역의 항구들을 충분히 개항시킬 수 있었다. 하지만 카르타고와 전쟁을 치르느라 로마는 동방 지역에 신경 쓸 겨를이 없었다. 그러는 사이 마케도니아의 필리포스 5세와 한니발이 동맹을 맺고, 필리포스 5세가 이탈리아반도로 침입하려고 하자 로마는 조치를 취하지 않을 수 없었다. 로마는 결국 그리스 지역에 병력을 주둔시켜 놓았다.

제1차 마케도니아 전쟁(B.C. 214~B.C. 205)에서 로마의 목표

는 필리포스 5세가 한니발을 지원하지 못하도록 막는 것
이었다. 이 목표는 부분적으로는 성공을 거두었다. 마케
도니아의 군대가 이탈리아로 전혀 들어오지 못했기 때
문이다. 대신 마케도니아군 4,000명이 자마에 주둔했다.

이 전쟁은 대규모로 이루어지지는 않았다. 집정관 마
르쿠스 발레리우스 라에비누스가 아드리아 해로 보내졌
다. 당시 필리포스 5세는 아이톨리아 동맹과 전쟁 중이
었다. 라에비누스는 아이톨리아 동맹을 지원했고, 필리
포스 5세는 국내 사정 때문에 한니발까지 생각할 여유가
없었다. 기원전 205년 아프리카 침공에 모든 힘을 쏟길
원했던 로마는 결국 마케도니아와 강화 조약을 맺었다.

그런데 자마에 마케도니아의 병사들이 계속 억류되어
있었다. 필리포스 5세는 포로 송환을 요구했지만 돌아
온 대답은, 전쟁을 다시 일으키지 않는 한 그들을 데려
갈 수 없다는 것이었다.

제2차 마케도니아 전쟁(B.C. 200~B.
C. 197)이 일어나게 된 원인은 이밖
에도 여러 가지가 있었다. 필리포
스 5세는 시리아의 왕 안티오쿠
스 3세가 이집트를 분할 점령하
자는 제안에 동의했다. 네 살배기
어린 왕 에피파네스(프톨레마이오스
5세)가 저항하지 못할 것 같았기
때문이다. 이집트의 장관들은

마케도니아의 필리포스 5세

로마에 보호를 요청했다. 이에 로마는 사절단을 보내 이집트에 대한 보호 의지를 밝혔다.

소아시아에서도 필리포스 5세의 만행에 대항해 사람들이 들고일어났다. 그리스 역시 필리포스 5세로부터 자신을 보호해 줄 동맹국을 찾았다.

로마는 이 새로운 전쟁에 착수하고 싶은 생각이 없었다. 하지만 마케도니아가 이탈리아로 침공하는 것을 막으려면 국외에서 전쟁을 수행하는 방법밖에는 별수가 없었다.

기원전 200년 그해의 집정관인 푸블리우스 술피키우스 갈바는 대규모 병력을 이끌고 아드리아 해를 건넜다. 이듬해에는 집정관 빌리우스의 군대가 파견되었지만 별 성과는 없었다. 그리고 기원전 198년 역량이 남달랐던 집정관 티투스 퀸크티우스 플라미니우스는 적극적으로 전쟁을 수행했다. 그는 아오우스에서 필리포스 5세를 패배시키고 템페 계곡까지 쫓아냈다. 이듬해에는 키노스세팔라이에서 마케도니아군이 대패했다.

필리포스 5세는 마케도니아군을 두 개의 군단으로 나누어 싸웠다. 한 군단은 필리포스 5세를 에워싼 로마군을 큰 피해 없이 뚫고 나아갔다. 다른 군단은 로마군의 공격을 받아 혼란에 빠지고 말았다. 마침내 로마군의 승리가 확실해졌다. 그 즈음 아카이아는 마케도니아로부터 코린트를 빼앗았고, 로도스는 카리아에서 마케도이나군을 패배시켰다.

마케도니아는 더 이상 싸울 수가 없었다. 필리포스 5세는 마케도니아 영토 안에 고립되었다. 마케도니아는 그리스, 트라케, 소아시아 지방에서 속국으로 삼았던 모든 도시로부터 쫓겨났

이스트미아 제전에서 그리스의 해방을 선포하는 플라미누스(존 리치 作)

다. 그리고 카르타고처럼 로마의 허락 없이는 전쟁을 수
행할 수 없었다.

　기원전 196년 이스트미아 제전에서는 '그리스의 해
방'이 선포되었다. 2년 뒤에는 플라미누스가 이른바 '그
리스의 족쇄'*인 칼키스, 데메트리아스, 코린트에서 로
마군을 철수시켰다. 플라미누스는 고국에서 개선장군으
로 환영받았다.

　제2차 마케도니아 전쟁의 주요 결과는 그리스와 이집
트를 확실히 로마의 보호국으로 만들었다는 점이다. 동
방 지역에 대한 로마의 지배권에 쐐기를 박은 것이다.

*마케도니아가 그리
스를 장악하기 위해
중요한 전략적 거점
인 세 도시에 수비대
를 주둔시켰기 때문
에 이들 도시를 '그
리스의 족쇄'라고 불
렀다.

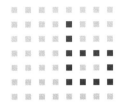

시리아 전쟁

필리포스 5세에게 이집트를 분할 점령하자고 제안했던 시리아의 안티오쿠스 3세는 한동안 동부 지역에 군사를 주둔시켰다. 하지만 자기의 동맹시들이 위험에 처해 있다는 소식을 뒤늦게 알았다. 이제 동맹시들은 시리아를 지원하기 어려워졌다. 그럼에도 안티오쿠스 3세는 일찍이 필리포스 5세가 정복했다가 이제는 로마가 자유와 독립을 선언한 소아시아 지방과 트라케 지방을 자기 영토로 삼고자 했다.

기원전 196년 안티오쿠스 3세는 헬레스폰트(지금의 다르다넬스 해협)를 건너 트라케 지방에 상륙했다. 그러나 감히 그리스까지 침입해 들어가지는 못했다. 이미 플라미니누스가 로마군을 철수했지만 아이톨리아 동맹이 그리스를 견고하게 지키고 있었기 때문이다.

안티오쿠스 3세는 타고난 장군감은 아니었다. 결단력이 부족

하고 쾌락을 좋아했다. 더군다나 왕좌
뒤의 실세는 바로 카르타고의 장군 한니
발이었다. 한니발은 자마 전투에서 패한
뒤에도 자신의 인생 목표를 결코 포기하
지 않았다. 그는 카르타고에서 최고 정
무관이 되었고 단기간에 도시 안의 부패
와 타락을 청산했다. 한니발의 통치로
카르타고는 재기할 수 있었을지도 모른
다. 하지만 안티오쿠스 3세와 몰래 동맹
모의를 하는 바람에 로마에 약점이 잡히
고 말았다. 로마는 한니발에게 항복을
요구했다. 그러나 한니발은 몸은 피해
해안 지역으로 도망 다니다가 결국 시리
아 왕의 신임을 얻는 정치 고문이 되었다.

시리아의 안티오쿠스 3세

　만약 안티오쿠스 3세가 그리스에 도착해 왕성하게 활
동했다면, 로마군이 오기 전에 무슨 일이라도 이루었을
지 모른다. 하지만 한니발의 조언을 무시하고 사소한 문
제들로 소중한 시간을 낭비했다. 기원전 191년 로마군
이 그리스에 도착해 안티오쿠스 3세를 쫓아냈고 시리아
군은 소아시아 지역으로 퇴각했다.

　기원전 190년, 루키우스 코르넬리우스 스키피오가 로
마 집정관에 선출되었다. 그는 동부 지역에 주둔한 로마
군을 지휘했는데, 형제인 아프리카누스가 동행해 그의
군사 기술과 경험을 활용할 수 있었다. 루키우스 코르넬

리우스 스키피오의 지휘 아래 로마군은 헬레스폰트를 건너 시리아에 있는 안티오쿠스 3세를 찾아갔다.

한니발은 훈련이 전혀 안 된 시리아 왕의 군대를 데리고 아무것도 할 수 없었다. 기원전 190년 한니발은 시리아군을 이끌고 리디아의 마그네시아에서 로마군과 맞서 싸웠다. 하지만 8,000명의 시리아군 중에 3,000명이 도망가고 5,000명이 전사했다. 그에 비해 승리한 로마군의 피해는 극히 적었다.

그날 아시아 지역의 운명은 확실시되었다. 안티오쿠스 3세는 할리스 강과 타우루스산맥 서쪽 땅을 모두 포기했다. 전차와 전투 코끼리, 군함, 보물 등도 모두 로마군에게 갖다 바쳤다. 스키피오는 개선장군이 되어 고국으로 돌아왔고, 아시아에서 승리한 기념으로 '아시아티쿠스(Asiaticus)'라는 칭호를 얻었다. 아프리카에서 승리했던 그의 형제 아프리카누스처럼 말이다.

스키피오의 뒤를 이어 그네이우스 만리우스 불소가 동부 지역을 맡게 되었다. 그는 갈리아족을 소탕하고자 했다. 갈리아족은 한 세기 전부터 갈라티아 지방에 정착해 지속적인 약탈로 부유해져 있었다. 그네이우스 만리우스 불소는 갈리아족이 시리아 군대에서 복무한다는 구실을 내세웠다. 그러나 진짜 이유는 갈리아족의 풍부한 재산과 집정관의 영광에 대한 야심이었다.

갈리아족은 로마에 쉽게 정복되었고 재산도 모두 빼앗겼다. 이후에는 주변 지역에 흡수되었다. 이 전쟁은 만리우스가 '원로원이 부여하는 권한 없이' 착수한 전쟁이라는 사실이 주목할 점이다. 이번이 첫 사례였고 이후에는 비슷한 사례가 빈번하게

발생했다. 만리우스는 고국에 개선장군으로 돌아왔고 그의 행위도 합법으로 인정받았다.

동부 지역에서 전쟁을 벌이면서 로마는 막대한 부를 얻게 되었다. 하지만 이로 말미암아 사치와 낭비의 풍조가 생겼는데, 결국 로마의 힘을 약화시키는 원인이 되었다. 그리스로부터는 학문과 교양이 수용되었고, 아시아로부터는 부도덕과 유약한 정서가 들어왔다. 로마 사회의 분위기는 점점 더 노골적으로 파괴적인 외래문화에 사로잡혀 갔다.

한편, 로마에서는 스키피오 형제의 정적들이 권력을 잡았다. 스키피오 아시아티쿠스는 동부 지역에서 지휘관으로 있을 때 공금을 횡령했다는 혐의로 기소되었다. 아시아티쿠스는 원로원 앞에서 당시의 군 회계 장부를 제출하려고 했는데, 그때 동행했던 형제 스키피오 아프리카누스가 원로원 의원들 앞에서 보란 듯이 회계 장부를 북북 찢어 바닥에 흩뿌렸다. 그러나 어찌 됐든 아시아티쿠스는 벌금을 물어야 했다. 이후 아프리카누스도 이 사건에 연루되었다는 의혹을 받았다.

2년 뒤인 기원전 183년, 아프리카누스는 캄파니아 지방의 해안 도시인 리테르눔에 자발적으로 망명해 있다가 향년 52세로 세상을 떠났다. 아프리카누스의 아내 아이밀리아는 칸나에 전투에서 전사한 파울루스의 딸이었다. 아프리카누스의 딸은 코르넬리아는 후에 그라쿠스 형제의 어머니가 되었다.

스키피오 아프리카누스는 카이사르 다음으로 로마에서 제일 가는 장군이었다. 스키피오가 동부 지역 전선에 있을 때 안티오쿠스의 궁전에서 한니발을 만난 적이 있었다. 한니발은 스키피오에게 최고의 장군은 알렉산더 대왕이고, 그 다음은 피로스라고 말했다고 한다. 스키피오를 이겼다면 한니발 자신을 두 사람보다 뛰어났다고 말했을지도 모른다.

스키피오는 로마가 이탈리아의 주인에서 세계의 주인으로 성장하는 것을 평생 지켜보며 살아왔다. 그는 지적 능력이 출중했고 그리스어도 모국어만큼이나 능통했으며, 사람들에게 인기가 많을 정도로 매력적인 인물이었다.

마지막 그리스인 필로포이멘
(다비드 당제 作)

안티로쿠스 3세가 로마에 패한 뒤 한니발은 크레타 섬으로 피신했다. 그 후로 비티니아의 왕인 프루시아스와 함께 있었다. 로마는 한니발에게 항복을 요구하면서 군사를 보내 체포하도록 했다. 더 이상 도망갈 길이 없어지자 결국 한니발은 독약을 삼켰다. 때는 기원전 183년이다.

이렇게 해서 역사상 위대한 장군 한 명이 평생의 꿈을 이루어 보지 못하고 세상을 떠났다. 한니발은 55세의 나이로 길지 않은 세월을 살다 갔지만, 그가 이룬 업적은 그 누구보다도 엄청났다. 한니발이 세상을 떠난 해에 '마지막 그리스인'이라 불리는 필로포이멘도 세상을 하직했다.

마케도니아와 그리스 정복

마케도니아의 필리포스 5세는 시리아와 전쟁을 벌이는 로마를 지원했음에도 불구하고, 영토뿐 아니라 기대했던 보상을 받지 못했다. 그렇다고 지금 당장 로마로 쳐들어갈 수도 없는 노릇이었다. 하지만 필리포스 5세는 인내하면서 차분하게 자원을 늘려 갔고, 그리스인들에게 로마에 대한 적대감을 부추겼다. 그는 가장 좋은 거점에 군사를 배치해 자신의 영역을 넓히기 시작했다. 이를 인식한 로마는 마케도니아에 불만을 표시했다. 필리포스 5세는 어쩔 수 없이 정복 활동을 포기하고 본래 영토만 잘 유지했다. 기원전 179년 필리포스 5세가 세상을 떠나고 그의 아들 페르세우스가 왕위를 이었다.

새 왕은 아버지만큼이나 유능했다. 정복욕은 훨씬 더

강했다. 페르세우스는 주변 나라의 군주들과 우애를 쌓았고, 특히 시리아의 안티쿠스 4세와는 결혼 동맹을 맺었다. 그리고 그리스인들에게 옛 과거의 영광을 떠올리게 했다.

페르세우스가 음모를 꾸미고 있다는 소식을 들은 로마의 원로원은 곧 그를 제지하기로 결정했다. 기원전 171년 로마는 마케도니아와의 전쟁(제3차 마케도니아 전쟁, B.C. 171~B.C. 168)을 선포했다. 하지만 집정관들이 하나같이 무능해 아무런 성과를 거두지 못했다. 그러다가 기원전 168년 루키우스 아이밀리우스 파울루스가 집정관이 되어 전쟁을 맡게 되었다.

파울루스(B.C. 229~B.C. 160)는 칸나에 전투에서 전사한 파울루스의 아들이었다. 아버지와 아들의 이름이 같았다. 기원전 192년 파울루스가 '고위 조영관'* 자리에 있을 때 사람들

아이밀리우스 파울루스의 개선식(카를르 베르네 作)

은 처음으로 그의 청렴결백함을 알게 되었다. 특히 그는 공공 목초지를 불법적으로 이용하는 사람들에 대한 단속을 강화했다. 기원전 191년에는 '먼 에스파냐(Ulterior Spain)'⁂에 총독으로 파견되었고, 그곳에서 모든 반란 사태를 잠재웠다. 기원전 182년에는 집정관이 되었고, 리구리아의 약탈자들을 진압하는 데 큰 공을 세웠다. 이 공으로 개선장군으로 추앙받았다.

파울루스는 기원전 168년에 두 번째로 집정관에 선출되어 마케도니아의 페르세우스와 전쟁을 치렀다. 같은 해 6월 22일 테르마이크 만에 위치한 피드나에서 맞붙은 후 전쟁은 빠르게 종결되었다. 페르세우스 왕은 재산과 가족을 챙겨 사모트라케 섬으로 피신했다. 얼마 있지 않아 로마군에 포획되었지만 파울루스는 그와 가족들의 목숨은 살려 주었다.

파울루스는 마케도니아를 4개의 작은 공화국으로 분할했다. 각 공화국은 독립 상태였고 서로 통혼과 무역이 금지되었다.

기원전 167년 로마로 돌아온 파울루스는 또 다시 개선장군으로 환영받았다. 페르세우스와 그의 자녀들도 파울루스에게 감사의 표시를 전했다. 파울루스는 기원전 164년에 감찰관을 지냈고 4년 뒤에 세상을 떠났다.

파울루스는 첫째 부인에게서 두 아들을 낳았다. 장남은 파비우스 막시무스 쿵크타토르가 입양했고, 차남은 대(大) 아프리카누스⁂의 양아들이 되었다. 파울루스는

* 도시의 정책을 관리 감독하는 정무관인 조영관은 총 4명을 선출했는데, 그중 2명은 평민 출신, 2명은 귀족 출신이었다. 귀족 출신 조영관을 '고위 조영관'이라 불렀다.

⁂ 로마는 에스파냐 지방을 두 개의 속주로 분할 점령했다. 로마와의 거리를 기준으로 '먼 에스파냐(오늘날의 에스파냐 남부)'와 '가까운 에스파냐(오늘날의 에스파냐 북부)'로 나누었다.

⁂ 스키피오 아프리카누스의 양아들인 푸블리우스 코르넬리우스 스키피오도 카르타고를 격파하고 포에니 전쟁의 종지부를 찍어 '아프리카누스'라는 칭호를 얻었다. 두 사람을 구분하기 위해 아버지 스키피오를 대(大) 아프리카누스, 아들 스키피오를 소(小) 아프리카누스라고 부른다.

아이밀리우스 파울루스에게 항복하는 페르세우스(장 프랑수아 피에르 페롱 作)

로마의 귀족 혈통에 성품이 곧고 인기가 많았으며 뛰어난 능력을 지닌 장군이었다. 하지만 다소 미신을 믿는 편이었다. 학문과 예술의 후원자였던 그는 두 아들에게 그리스인 가정교사를 붙여 최고급의 교육을 시켰다. 또 파울루스가 세상을 떠났을 때 그가 정복했던 여러 나라의 사람들이 자발적으로 장례식에 참여했다는 사실에서 인기를 실감할 수 있다.

페르세우스 왕은 로마 근처에 감금되어 잔혹한 대우를 참아가며 여생을 보냈다. 그는 마케도니아의 마지막 왕이었다. 피드나 전투 이후, 그리스에서 페르세우스에 대한 동정 여론이 일어나자 로마는 더욱 철저하게 감시했다. 적으로 의심되는 사람은 모두 이탈리아에 인질로 잡아왔다. 그중에는 그리스의 역사가인 폴리비오스*도 있었다. 그는 로마에서 20년 넘게 지냈고 소(小) 아프리카누스와 막역한 친구가 되었다.

그리스의 역사가 폴리비오스

마케도니아처럼 그리스도 여러 지역으로 분할되었다. 서로 독립된 상태에서 무역과 통혼을 할 수 없었다. 그런데 피드나 전투 이후 20년이 지난 시점에 다시 문제가 불거졌고, 제4차 마케도니아 전쟁(B.C. 150~B.C. 148)이 벌어졌다. 페르세우스의 아들이라 주장하는 안드리스쿠스의 지휘 아래 마케도니아 사람들은 로마의 보호에 반대하며 반란을 일으켰다. 기원전 148년 마케도니아는 로마의 법무관 퀸투스 카에킬리우스 메텔루스에 의해 두 번이나 연속으로 패했다. 덕분에 메텔루스은 '마케도니쿠스(Macedonicus)'라는 칭호를 얻었다. 마케도니아는 이제

* 아카이아 동맹에 속했던 그리스의 역사가이다. 기원전 226년부터 기원전 144년까지의 지중해 세계와 로마 발전의 역사를 서술한 『역사』 40권을 남겼다. 지금은 그중 5권만 남아 있다.

로마의 속주가 되었고 로마의 정무관이 다스렸다.

이 시기에 아카이아 동맹은 스파르타와 싸우고 있었다. 메텔루스는 아카이아 동맹에 전쟁을 중지하라고 경고했다. 그러나 이를 듣지 않자 메텔루스는 스카르페이아 근처에서 아카이아 동맹을 격파했다.

메텔루스는 온건한 개혁가였고 저명한 가문 출신이었다. 그가 세상을 떠난 기원전 115년 이전에 그의 아들 중 세 명은 집정관을 지내고 한 명은 감찰관이 되었다. 또 한 명은 집정관 후보에 올랐다.

메텔루스의 뒤를 이어 잔인하고 냉혹한 장군인 루키우스 뭄미우스가 그리스를 맡았다. 남아 있던 아카이아 군대는 코린트로 대피한 상태였다. 원로원은 뭄미우스에게 코린트를 공격하라고 지시했다. 기원전 146년 코린트의 함락은 특히나 잔인하게 이루어졌다. 도시 전체가 불바다가 되었는데, 훌륭한 회화 작품이나 값비싼 조각상들도 모조리 불타 버렸다. 방대한 양의 금은 로마로 옮겨졌다. 그리스의 도서관은 흔적도 없이 사라졌다. 코린트 지역은 '아카이아'라는 이름으로 로마의 속주가 되었다.

코린트는 한 세기 가까이 폐허로 남아 있다가, 기원전 46년에 율리우스 카이사르에 의해 재건되었다. 카이사르는 퇴역 군인과 자유민들을 이곳에 와서 살게 했다.

제3차 포에니 전쟁과 카르타고의 멸망

자마 전투 이후 50년이 지났다. 그 사이에 카르타고는 상업적으로 번성했지만, 정부의 힘은 내부의 파벌 싸움으로 약해져 있었다.

로마의 동맹국인 누미디아의 왕 마시니사는 카르타고의 골칫거리였다. 계속 카르타고의 영토에 침범해 들어왔기 때문이다. 로마와의 동맹국과는 전쟁을 할 수 없다는 조약 내용 때문에 카르타고는 불만이 많았다. 기원전 157년 로마는 문제를 조사하기 위해 카르타고에 사절단을 파견했다. 사절단의 단장인 마르쿠스 포르키우스 카토는

누미디아의 왕 마시니사

그동안 크게 번영한 카르타고를 보고 입이 떡 벌어졌다. 그때부터 카토는 카르타고를 멸망시켜야 한다고 끊임없이 주장했다. 로마 사절단은 아무런 결정도 내리지 않고 그냥 문제가 일어나도록 내버려 두었다. 결국, 마시니사를 옹호하는 자들이 카르타고에서 추방당하자, 마시니사는 카르타고를 무차별 공격해 패배시켰다. 카르타고군은 멍에 아래를 소처럼 기어가는 굴욕을 당해야 했다. 게다가 영토 일부를 바치고 막대한 배상금도 지불해야 했다.

뿐만 아니라 로마의 동맹국과 전쟁을 벌였기 때문에 그에 대하 징계도 받아야 했다. 카토는 원로원에서 연설을 할 때마다 늘 마지막에 다음과 같이 발언했다. "델렌다 에스트 카르타고(Delenda est Carthago, 카르타고는 반드시 멸망해야 한다)!"

로마는 카르타고에 책임을 추궁했다. 낙심하고 절망한 카르타고 사람들은 로마에 사절단을 보냈다. 카르타고 사람들에게 돌아온 대답은 애매모호했다. 로마는 카르타고에 배상을 요구했고 동시에 로마가 카르타고에 맞서는 일은 전혀 없을 것이라고 장담했다. 하지만 기원전 149년 로마의 집정관은 대규모의 부대를 이끌고 시칠리아 섬으로 건너가 병력을 배치시켰다.

다시 카르타고의 사절단이 로마의 집정관을 찾아왔다. 그러자 집정관은 이렇게 말했다. "로마 원로원은 카르타고 사람들의 자유를 침해하는 것을 원치 않는다. 다만, 이를 보장하려면 한 가지 조건이 있다. 30일 안에 귀족 가문의 자제 300명을 인질로 보내야 한다." 카르타고는 요구를 수용했다. 그러자 로마인들은 태연하게 아프리카로 건너가 카르타고 사람들에게 이

전에 해결되지 않은 어떤 문제든 다룰 준비가 되어 있다고 말했다.

카르타고의 사절단이 다시 집정관 앞에 나타났을 때, 집정관은 카르타고가 무기와 대포를 모두 로마에 넘겨야 한다고 말했다. 로마가 카르타고를 충분히 보호할 수 있기 때문에 카르타고가 무기를 가지고 있을 이유가 없다는 것이다. 카르타고에게는 어려운 요구였지만 순순히 복종했다. 그런 다음 집정관은 또 이렇게 말했다. "로마가 오랫동안 카르타고를 지배하지 않아 도시가 요새처럼 되고 말았다. 그러므로 기존의 도시를 모두 버리고 바다에서 10마일 떨어진 곳에 성벽 없는 도시를 새로 지어야 한다." 요구 사항을 들은 카르타고 사람들은 그동안 참아 왔던 분노가 치밀어 올랐다. 당장 성문을 닫아걸었고 도시 안에 있던 로마인들과 이탈리아인들을 모조리 죽여 버렸다.

로마인들은 이제 방어력 없는 카르타고는 쉽게 함락될 것이라고 생각했다. 하지만 카르타고인들은 절망적 상황에서 희망을 버리지 않았다. 모든 사람들이 밤낮으로 무기를 만들었다. 자신이 살고 있는 도시가 마지막 보루라고 생각했다. 남녀노소 할 것 없이 모든 사람이 도시 방어를 위해 온 힘을 다했다.

로마가 카르타고를 포위한 지 2년이 지난 뒤 푸블리우스 코르넬리우스 스키피오 아프리카누스(소(小) 아프리카누스)가 집정관에 선출되었다. 당시 그의 나이는 법정 연

소포니스바의 죽음(지암바티스타 피토니 作)

령에 못 미치는 37세였지만, 카르타고의 포위 작전을 위해 특별히 허용되었다. 카르타고인들은 죽을힘을 다해 2년 동안 도시를 지켰으나 식량이 바닥나면서 더 이상 버틸 수가 없었다.

결국 기원전 146년 카르타고는 로마에 함락되었고 도시 전체가 장장 17일간 불타올랐다. 도시는 흔적도 없이 사라졌다. 카르타고에 딸린 영토의 일부는 누미디아에게 넘겨주었다. 나머지 영토는 '아프리카'라는 이름을 붙여 로마의 속주로 삼았다.

카르타고가 멸망하기 3년 전인 기원전 149년 카르타고 사람들의 끔찍한 원수 두 사람이 세상을 떠났다. 바로 마시니사와 카토인데, 마시니사는 90세에, 카토는 85세에 삶을 마쳤다. 그들은 카르타고가 멸망하는 것을 직접 눈으로 보지는 못했다.

　마시니사가 카르타고에 적대감을 품기 시작한 것은 하스드루발의 딸 소포니스바를 시팍스에 빼앗겼을 때부터였다. 카르타고가 시팍스를 회유하기 위해 원래 마시니사의 약혼녀였던 소포니스바를 시팍스에게 넘겨준 것이다. 자마 전투 이후 시팍스의 소유 대부분이 마시니사에게 넘어왔는데, 그중에는 소포니스바도 있었다. 스키피오는 소포니스바가 마시니사에게 미칠 영향을 우려한 나머지 그녀를 로마의 포로로 삼자고 했고, 그 결과 그녀는 독약을 먹고 자살했다. 마시니사는 용감한 군주였지만 로마인에게는 편리한 도구에 불과했다.

　대(大) 카토*는 오랫동안 공직에 있으면서 주로 국외에서 적국과 전쟁을 많이 치렀고, 로마인에 대한 동포의식이 강했던 보수적인 인물이었다. 나라의 이익에 반하는 일에 관해서는 매우 준엄한 태도를 보였다. 특히 기원전 184년 엄격하게 감찰관직을 수행했다. 그는 열성적으로 보수적 가치를 주장했고 화려한 그리스 문화와 같은 새로운 문화적 경향에 반대했다. 그가 보기에 모든 혁신은 범죄나 다름없었다. 대(大) 카토는 여러 권의 저술을 남겼는데, 그중 하나가 농업에 관한 논문으로 지금까지 전해진다. 키케로의 저서 『대(大) 카토』에는 84세의 카토가 소(小) 아프리카누스 및 라엘리우스와 함께 '노년'에 관해 나눈 대화 내용이 담겨 있다.

* 마르쿠스 포르키우스 카토(B.C. 234~B.C. 149)와 동명이인인 그의 증손자 마르쿠스 포르키우스 카토(B.C. 95~B.C. 46)를 구별하기 위해 전자를 '대(大) 카토' 후자를 '소(小) 카토'라고 부른다.

누만티아 전쟁과
노예 전쟁

　기원전 206년 대(大) 아프리카누스는 에스파냐 지방을 떠났
다. 그 이후로 7년이 지나서 에스파냐는 이베루스 강(지금의 에
브로 강)을 기준으로 두 개의 속주로 분할되었고, 각 속주에는
법무관이 한 명씩 배정되었다. 하지만 에스파냐 지방에 안정과
질서가 잡히기까지는 어느 정도 시간이 걸렸다. 에스파냐 지방
의 수많은 산과 숲은 로마군에게는 엄청난 장애물이었다. 어쩔
수 없이 로마군은 유격전을 펼쳤으며 에스파냐에 있는 부족들
을 정복하는 데 꽤 오랜 시간 수고를 들여야 했다.

　에스파냐에서 가장 호전적인 부족은 이베리아 반도 내륙에
있던 켈티베리족이었다. 이들은 수시로 반란을 일으켰기 때문
에 매우 다루기 힘들었다. 결국 기원전 195년 대(大) 카토가 나
서서 켈티베리족이 일으킨 반란을 진압했다. 또 이베루스 강 동
부 지역에 대한 로마의 패권을 좀 더 확고히 했다. 피레네산맥

부터 과달키비르 강까지 모든 부족의 무장을 해제시키고 요새와 방어 시설을 완전히 허물었다.

그러나 반란의 불길은 계속 타오르고 있었다. 16년이 지난 기원전 179년에 에스파냐의 총독인 티베리우스 셈프로니우스 그라쿠스(그라쿠스 형제의 아버지)가 골칫거리인 켈티베리족과 싸움을 벌였다. 그라쿠스는 켈티베리족의 도시 100여 군데를 점령했지만 전쟁보다 평화를 추구하며 온건한 방식으로 대처했다. 그는 주로 하층민들에게 토지를 나누어 주었고 토착민들을 우대했다. 하지만 에스파냐의 극서부 지방인 루시타니아 지방(지금의 포르투갈)은 여전히 로마에 반항적이었다.

기원전 154년 뭄미우스가 '먼 에스파냐(Ulterior Spain)'의 총독에 부임했다. 그가 루시티니아와의 싸움에서 패배하자 이에 고무된 켈티베리족이 다시 벌떼처럼 일어났다. 로마군은 켈티베리족에게 또 다시 패배했고 그 결과 많은 로마 시민들이 학살당했다. 2년 뒤인 기원전 152년 클라우디우스 마르켈루스는 로마가 입은 피해에 대해 켈티베리족에게 앙갚음을 했다. 그러면서 식민시 코르두바를 세우고 에스파냐 지방을 덜 엄격하게 다스렸다. 그러나 그의 후임인 루키우스 루쿨루스와 세르비우스 갈바는 에스파냐를 잔혹하게 통치하는 바람에, 강도 출신인 비리아투스를 필두로 루시티니아인들이 다시 봉기했다. 기원전 147년부터 기원전 140년까지 약 7년 동안 비리아투스는 로마군에 맞서 연전연승을 거듭했다.

켈티베리족까지 합세해 이제 에스파냐가 로마로부터 해방될 듯 보였다. 기원전 143년 로마는 메텔루스 마케도니쿠스가 지휘할 때만 유일하게 에스파냐의 연승을 막을 수 있었다. 하지만 그가 임기를 마치고 고국으로 돌아가자 에스파냐는 원상태로 돌아갔다.

기원전 140년, 집정관 만키누스는 자기 자신과 자기의 군대를 구하기 위해 어쩔 수 없이 원로원이 허락하지도 않은 조약을 맺어야 했다. 기원전 139년, 비리아투스는 결국 집정관 카이피오가 고용한 암살단에 의해 죽임을 당했다. 그를 따르던 루시티니아인들도 진압되었다.

누만티아 전쟁(B.C. 143~B.C. 133)

그러나 켈티베리족은 여전히 손에서 무기를 내려놓지 않았다. 켈티베리족의 수도인 누만티아 근처에서 로마의 집정관은 여러 번 패배의 쓴 잔을 마셨다. 마침내 로마는 걸출한 장군 소(小) 아프리카누스를 파견했다.

소(小) 아프리카누스는 7개월간 군대를 강도 높게 훈련시킨 후, 기원전 134년에 본격적으로 누만티아를 포위 공격하기 시작했다. 켈티베리족은 용감하게 싸웠지만, 이듬해 심각한 기근에 시달리다가 항복하고 말았다. 누만티아 시민들은 모두 노예로 팔려 갔고 도시는 형체를 알아볼 수 없을 정도로 파괴되었다. 소(小) 아프리카누스는 '누만티누스(Numantinus)'라는 칭호

를 얻게 되었다.

누만티아를 멸망시킨 로마는 이제 에스파냐 내륙에서 패권을 장악하게 되었다. 북부 해안 지방을 제외한 에스파냐 전 지역이 사실상 로마의 영토나 다름없었다. 여러 도시들이 자치 도시의 권한을 얻게 되었고, 전반적으로 토착 질서가 그대로 유지되었다. 지중해 해안 지역에는 많은 도시들이 번영하면서 문명의 중심지가 되었다. 로마도 이 도시들을 식민시보다는 동맹시처럼 대우했다. 일부 도시에서는 로마의 은화가 사용되기도 했다. 이처럼 해안 지역은 로마의 영향으로 급속하게 문명화되었지만, 내륙은 미개한 상태로 남아 있었다.

기원전 105년 이베리아 반도에는 북쪽 출신의 야만족인 킴브리족이 급속하게 퍼져 나갔다. 약탈을 일삼는 바람에 곳곳이 파괴되었지만 호전적인 켈티베리족이 이들을 물리쳤다. 결국 킴브리족은 갈리아 지방으로 쫓겨났다.

노예 전쟁(B.C. 134~B.C. 132)

에스파냐에서 누만티아 전쟁이 한창 벌어지고 있는 동안, 시칠리아 섬에서는 잔혹한 대우를 받고 있던 노예들이 전쟁을 일으켰다.

로마는 오랫동안 노예 노동이 자유민 노동을 대신해

로마의 노예 시장(구스타브 블랑거 作)

왔다. 전쟁이 계속되고 흑해와 그리스 연안에서 정기적으로 노예 무역이 이루어지면 로마의 노예 공급량은 급속도로 증가했다. 한편 노예 소유주들은 나태하고 게으른 귀족이 되어 갔다.

노예 전쟁이 일어나게 된 직접적인 원인이 바로 다모필루스라는 악랄한 노예 소유주였다. 노예들의 지도자는 시리아 출신 예언자인 에우누스였다. 로마는 노예 전쟁에서 패전을 거듭했지만, 마침내 푸블리우스 루틸리우스가 노예들의 근거지인 타우로메니움과 엔나를 함락하면서 이 전쟁도 막을 내렸다. 이 공으로 푸블리우스 루틸리우스는 개선장군으로 추대되었다.

제4부

공화정의 위기와 몰락

그라쿠스 형제의 개혁

앞서 우리는 귀족과 평민의 지난한 싸움이 어떻게 평민의 승리로 끝나게 되었는지 살펴보았다. 물론 이름뿐인 승리였지만. 기원전 275년부터 로마의 정치 체제가 외형이나마 조금씩 변화하기 시작했다. 로마에도 '온건한 민주주의'가 등장한 것이다. 원로원과 정무관들은 법적으로는 지위가 동등했다. 하지만 로마의 정치 체제는 실제로 과두정*이었다. 민회가 아닌 원로원이 로마를 지배했다. 게다가 원로원을 차지하고 있는 사람들은 귀족이라는 특권층이었다. 나라에 어떤 문제가 생길 때 민회는 잘 소집되지 않았다. 대부분의 국가 정책은 '원로원의 결의(세나투스 콘술툼)'⁂에 따랐다. 물론 민회에서 전쟁을 할 것인지 평화를 유지할 것인지 선포하는 일을 맡기는 했다. 그러나 전쟁을 직접 수행하거나 평화 조약의 조건을 제시하는 주체는 원로원이었다. 원로원은 지휘관을 파견하고, 속주를 조직하고, 재정을

관리하는 일도 도맡았다.

원로원에 권한이 집중된 이유는 어렵지 않게 알 수 있다. 우선 원로원의 구성원들은 나라의 중대한 일을 충분히 수행할 수 있는 사람들이었다. 원로원은 언제든 소집될 수 있었지만, 민회의 투표자들은 이탈리아 전역에 퍼져 있었다. 민회가 소집되더라도 군사 문제나 외교 정책에 대한 충분한 정보와 지식을 갖고 있지 못해 어떤 판단을 내리는 것이 쉽지 않은 상황이었다.

원로원과 로마의 노빌레스(nobiles, 일명 관직 귀족)는 대체로 일치하는 편이었다. 모든 귀족(patricians, 일명 혈통 귀족)이 노빌레스였지만, 모든 노빌레스가 귀족은 아니었다. 혈통 귀족은 로마를 세운 사람들의 후손이다. 관직 귀족은 6대 고위 정무관직, 즉 독재관, 기병 대장, 집정관, 섭정, 법무관, 고위 조영관에 오른 사람의 후손이었다. 이와 같은 관직에 처음 오른 평민을 '노부스 호모(novus homo)', 즉 새로운 사람이라 부르기도 했다.

귀족과 노빌레스로 구성된 원로원은 당시 권력을 독점했다. 하지만 법률상으로 보면 원로원의 권력은 그다지 긍정적이지 않았다. 법적으로 평민들의 통치 권한은 유효했고, 평민에게 통치자란 자신들의 법적 권한을 상기시키고 이를 행사할 때나 필요한 존재였다.

바로 그러한 통치자 역할을 해 준 사람이 티베리우스 셈프로니우스 그라쿠스이다. 그라쿠스를 통해 평민들은 한 세기 이상 신분 투쟁을 이어 갈 수 있었고, 그는 로마

* 소수의 사람이나 집단이 정치권력을 독점하는 정치 체제를 말한다.

** 법은 아니지만 사실상 국가의 통치 명령과 같은 권위를 지녔다. 기원전 27년 아우구스투스의 원수 정치가 시작되기 전까지 로마 공화정은 사실상 원로원이 지배하는 귀족 과두정의 성격이 강했다.

그라쿠스 형제

역사상 자랑스러운 이름으로 남게 되었다.

티베리우스 셈프로니우스 그라쿠스, 즉 대(大) 그라쿠스는 노
빌레스 계층에 속했지만 귀족 출신은 아니었다. 그는 대(大) 아
프리카누스의 딸 코르넬리아와 결혼했다. 두 사람은 12명의 자
녀를 낳았는데, 그중 3명을 제외하고 모두 어린 나이에 세상을
떠났다. 살아남은 자녀는 아들 둘에 딸 하나였다. 딸 셈프로니
아는 커서 소(小) 아프리카누스와 결혼했다. 두 아들 티베리우
스와 가이우스는 현숙하고 재능이 많은 어머니 코르넬리의 품
에서 자랐다. 어머니는 일찍 과부가 되었지만 누구보다도 자녀
들을 훌륭하게 키워냈다.

티베리우스(B.C. 164~B.C. 133)는 제3차 포에니 전쟁 때 매형 스키피오가 이끄는 부대로 들어갔다. 10년 뒤인 기원전 136년 티베리우스는 에스파냐에서 재무관이 되었는데, 아버지처럼 유화 정책을 추진하면서 식민지인들의 인기를 한 몸에 받았다. 하지만 매형 스키피오는 티베리우스의 정책이 마음에 들지 않았고 더 이상 그를 총애하지도 않았다. 티베리우스는 고국으로 돌아오던 중 토스카나 지방에서 목격한 장면에 소스라치게 놀라고 말았다. 국유지의 대부분을 노예들이 경작하고 있었고, 공화국의 가난한 시민들은 국유지에서 쫓겨나 시내

로마의 라티푼디움(대규모 농장)

를 배회하고 있었다. 리키니우스 법에 따라 자영농이 국유지를 나누어 가질 수 있었지만, 사실상 국유지 대부분은 부유한 지주들의 손에 넘어가고 말았다.

티베리우스는 이 폐단을 바로잡아야겠다고 마음먹었다. 기원전 133년 스스로 호민관 후보에 등록해 호민관에 선출되었다. 이후 평민들의 권익을 위해 분연히 싸워 나갔다. 우선 한 개인이 500 유게라(300 에이커) 이상의 국유지를 점유하지 못하게 금지하는 농지법을 개정하자고 제안했다. 국유지를 이미 개간해서 점유하고 있는 사람들에게는 대신 보상금을 주기로 했다.

대지주들로 득실대던 원로원은 당연히 티베리우스의 정책에 반대하고 나섰다. 동료 호민관이자 대토지 소유자였던 옥타비우스 카이키나도 티베리우스의 법안에 거부권을 행사했다. 하지만 남다른 열정을 갖고 있던 그라쿠스는 모든 반대에도 불구하고 농지법을 통과시켰다. 그리고 정책을 실행하기 위해 세 명의 실행 위원을 임명했는데, 자기 자신과 동생, 그리고 장인인 아피우스 클라우디우스였다.

한 사람이 호민관직을 연임하는 것은 당시 법에 어긋나는 일이었다. 그렇지만 자신의 계획을 끝까지 실행에 옮기고 싶었던 그라쿠스는 법을 위반하고 이듬해에 호민관 후보로 나왔다. 선거 당일 티베리우스 그라쿠스의 당선이 거의 확실시되자 귀족들은 무장한 노예들을 동원해 폭동을 일으켰다. 결국 폭도들은 티베리우스와 그의 추종자 300명을 죽이고 시신들을 티베르 강에 빠트렸다(B.C. 133). 시민 투쟁의 첫 희생이었다. 반대파의 주동자는 다름 아닌 티베리우스의 사촌 스키피오 나시카였다. 소

(小) 아프리카누스는 처남의 살해 소식을 듣고 이렇게 외쳤다고 한다. "당연히 죽을 만했다!"

　그래도 통과된 농지법은 무시할 수 없었다. 남아 있는 두 명의 실행 위원은 2년 동안 개혁을 이어 나가 귀족으로부터 빼앗은 국유지를 4만 가구에 분배할 수 있었다. 하지만 실행 위원들은 평판이 좋지 않았다. 토지를 분배받은 사람들은 여전히 만족하지 못했고, 토지를 강제로 빼앗긴 사람들은 그 자체로 불만스러웠기 때문이다. 결국 위원들은 활동을 중단했다. 농지법도 폐지되고 말았다.

　이제 티베리우스 그라쿠스의 역할을 동생 가이우스 그라쿠스가 이어 받았다. 동생은 형이 죽은 뒤 잠시 정치 일선에서 물러나 아프리카와 사르디니아 섬에서 재무관으로 군복무를 했다. 용감하고 지혜롭고 정의로웠던 가이우스는 주변 사람들에게 인기가 많았지만, 로마 귀족들은 그를 의심의 눈초리로 바라보았다. 기원전 123년 가이우스는 호민관에 당선되었고, 해가 바뀌고도 호민관직을 연임했다. 형이 추진했던 농지법을 부활시키면서 스스로 원로원의 적이 되었다. 민중의 지지를 얻고자 로마 시민의 특권을 이탈리아 내의 모든 사람에게 확대하고 빵 값을 제한하는 정책을 추진하고자 했다.

　가이우스는 부유한 상인 계층인 에퀴테스(Equites)* 의 호의를 얻었다. 지금까지는 중요한 민·형사 사건은 원로원에서 선출한 배심원단 앞에서 심리를 받는데, 가

* 제2차 포에니 전쟁을 전후해 등장한 신흥 부유층이다. 이들은 로마의 영토가 확장되면서 활발해진 해상 무역, 군납업, 군대 수송, 공공 토목 공사 등을 통해 부를 축적했다.

이우스가 원로원이 쥐고 있던 사법권을 에퀴테스에게 돌려주었기 때문이다.

배심원단이 에퀴테스로 전환되면서 가이우스는 더 강력한 권력을 얻을 수 있었다. 그는 재판과 항소 없이 어떤 로마 시민도 처형할 수 없게 하는 또 다른 법안을 통과시켰다.

그런데 로마 시민의 특권인 선거권을 모든 이탈리아인에게 주려고 하자 갑자기 가이우스의 인기가 뚝 떨어졌다. 로마 시민들은 자신의 권리를 에트루리아족이나 삼니움족과 공유하고 싶지 않았다. 귀족들은 10년 전처럼 폭동을 일으켰다. 결국 기원전 121년 가이우스와 그를 추종하던 3,000명이 학살을 당하고, 원로원이 로마의 주인 자리를 다시 꿰차게 되었다.

가이우스 그라쿠스의 죽음(장 밥티스트 토피노-레브룬 作)

그럼에도 그라쿠스 형제가 이루어 놓은 업적은 지속되었다. 4만 명의 자영농이 국유지에서 농사를 지을 수 있었고, 배심원에 관한 법도 그대로 시행되었다. 나라가 위기 상황이 아니라면, 어떤 로마 시민도 재판 없이 처형당하지 못했다. 당시 거의 모든 로마의 작가들은 그라쿠스 형제의 명성을 폄하했지만, 오늘날은 그 누구보다 인품과 업적을 높이 평가받고 있다.

폭동 사건이 있기 몇 년 전인 기원전 129년, 소(小) 아프리카누스가 세상을 떠났다. 티베리우스 그라쿠스의 죽음에 대해 그가 했던 말이 그라쿠스를 지지하는 민중파에게 큰 반감을 불러일으켰는데, 며칠 후 잠자리에서 싸늘한 시신으로 발견되었던 것이다. '정치적 암살의 희생자'가 된 것으로 추정된다.

교양과 문화를 사랑한 소(小) 아프리카누스는 학자들과 친분이 두터웠고, 그리스의 역사가 폴리비우스, 로마의 시인 루킬리우스와 테렌스를 후원하기도 했다. 하지만 로마가 사치와 향락의 풍조에 빠지는 경향에 대해서는 강하게 비판했다.

한편 티베리우스의 반대파 주동자인 스키피오 나시카는 로마 시에서 쫓겨났고 속주인 아시아로 망명해 있다가 생을 마감했다.

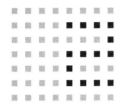

유구르타 전쟁

페르가뭄은 미시아 지방의 카이쿠스 강 유역에 자리했던 고대 도시이다. 알렉산더가 죽은 뒤에 중요한 도시로 부상했다. 초대 왕인 아탈루스 1세(B.C. 241~B.C. 197)는 많은 영토를 확보했다. 로마와 동맹 관계를 맺었고 그의 후계자들도 변치 않는 관계를 유지했다. 소아시아에서 매우 번영하고 명성을 얻는 페르가뭄은 특히 훌륭한 건축물과 도서관, 학교 등으로 유명했다. 기원전 133년 아탈루스 3세가 세상을 떠나면서 자신의 왕국(리디아, 피시디아, 리카오니아, 팜필리아 등이 포함되어 있었다.)을 로마에 넘겨주었다. 이 지역은 '아시아'라는 이름으로 로마의 속주가 되었다.

아프리카에서는 카르타고가 멸망한 뒤 누미디아 왕국의 영향력이 가장 강했다. 누미디아 왕국에는 수많은 도시들이 상업의 중심지로 발전했다. 누미디아의 왕 마시니사는 왕국을 아들

미킵사에게 물려주었다. 미킵사에게는 두
아들과 유구르타라는 조카가 하나 있
었다. 출중한 청년 유구르타는 누만
티아 전쟁 때 스키피오 밑에서 혁혁
한 공을 세우고 아프리카로 명예롭
게 귀국했다. 그는 두 사촌 형제와
함께 누미디아 왕국의 공동 상속자로
지명되었다. 미킵사가 세상을 떠나자마
자 유구르타는 누미디아의 히엠프살을 죽이
고 자신이 왕국 전체의 일인자임을 자처했

누미디아의 유구르타

다. 다른 사촌 아드헤르발도 죽이려고 하자
아드헤르발은 로마에 도움을 요청했다. 로마는 누미디
아에 조사단을 파견했지만 유구르타가 조사단을 매수해
버렸다. 결국 아드헤르발은 유구르타에게 사로잡혀 잔
인하게 고문을 받다가 목숨을 잃게 되었다.

누미디아에서 조사단의 활동이 미적지근하자 이에 분
노한 로마 시민들은 원로원의 일부 의원들을 뇌물 수수
혐의로 고발했다. 마침내 로마는 전쟁을 선포했지만 로
마 군대는 그다지 적극적이지 않았다. 곧 로마는 누미
디아와 강화 조약을 맺었는데, 이 역시 유구르타의 암거
래 덕분이었다. 로마에서는 호민관 멤미우스가 이 '부당
한 거래'를 맹렬하게 비난했다. 그러자 유구르타는 직접
로마 시로 가서 강직한 멤미우스를 제외한 모든 권력자
들을 돈으로 매수했다. 로마 시에는 유구르타의 또 다른

사촌이 피신해 있었는데, 유구르타는 그도 살해해 버렸다. 살인 사건이 발생하자 원로원은 즉시 유구르타에게 추방령을 내렸다. 유구르타는 로마를 떠나면서 이렇게 말했다고 한다. "로마는 부패했다. 언제든지 사들일 사람만 나타나면 금방 팔려서 쉽게 멸망할 것이다!"

기원전 111년, 이제 로마와 누미디아의 전쟁이 본격적으로 시작되었다. 첫 전투에서 로마군은 참패를 당해 멍에 밑을 기어가는 굴욕을 맛봐야 했다. 패배의 쓴 잔을 마신 로마의 원로원은 이듬해 퀸투스 카이킬리우스 메텔루스(메텔루스 마케도니쿠스의 조카)를 지휘관으로 임명해 전쟁터로 보냈다. 귀족 출신인 메텔루스는 강직하고 성품이 곧은 인물이었다. 이 전쟁의 중요성을 깊이 인식하고 있던 메텔루스는 자신이 발굴한 유능한 군인

누미디아의 기병

가이우스 마리우스를 참모 장교로
동행시켰다.

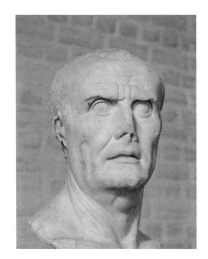

가이우스 마리우스

　마리우스는 기원전 157년 아르피
눔에서 농부의 아들로 태어나 어릴
때부터 농사를 지었다. 그러다가 이
른 나이에 군에 입대했는데, 군인으
로서 임무를 충실하고 완벽하게 수
행해 주변의 이목을 끌었다. 누만티
아 전쟁 때 스키피오는 마리우스의
용맹한 모습을 보고 앞으로 크게 될
인물이라고 생각했다. 그리고 머지
않아 정말 군사 호민관이 되었다. 기
원전 119년에는 호민관으로 선출되
었고, 2년 뒤에는 법무관에 임명되었다. 그는 결혼을 통
해 카이사르의 가문에 들어간 덕분에 상류 사회에서 인
정을 받았다. 즉, 율리우스 카이사르의 고모 율리아와
결혼함으로써 높은 사회적 지위를 얻게 된 것이다.

　한편, 메텔루스가 이끄는 로마군은 누미디아와의 전
쟁에서 어느 정도 성공을 거두었다. 유구르타는 무툴 강
근처에서 패배해 사막을 가로질러 탈라로 피신했지만
결국 그 도시도 로마에 함락되었다. 유구르타는 화평을
요청했으나 로마는 무조건 항복을 요구하자, 계속 버티
고 있었다. 유구르타의 옹졸한 행태에 분노한 로마의 민
중파는 마리우스를 집정관으로 임명해 전쟁에 내보내자

고 주장했다. 마리우스는 집정관 선거에 참여할 수 있도록 상관인 메텔루스에게 합법적으로 휴가를 신청했지만, 메텔루스는 비웃으며 20년만 더 참으라고 말했다. 그럼에도 마리우스는 선거에 참여해 기원전 107년 최초로 평민 출신 집정관이 되었다. 한편, 메텔루스는 '누미디쿠스'라는 호칭을 받고 개선장군으로 귀국했다.

마리우스는 뼛속까지 군인이었다. 그는 로마군을 좀 더 체계적으로 훈련시키고 군제도 새롭게 개편하고자 했다. 징병제를 모병제로 전환하고 전문적인 군인을 양성했다. 전쟁에 대한 감각이 남다른 사람들은 따로 모아 정예 부대로 삼았다. 그중에는 젊은 귀족 출신 코르넬리우스 술라도 포함되어 있었다. 마리우스는 정예 부대를 이끌고 유구르타의 모든 근거지를 탈취했다. 2년도 채 되지 않아 전쟁이 종결되었다. 로마의 동맹국인 마우리타니아 왕국의 왕 보크후스는 유구르타를 술라에게 넘겨주었다. 당시 술라는 마리우스 밑에서 재무관으로 활동하고 있었다.

누미디아의 서쪽 지역은 유구르타를 넘겨준 공로로 보크후스에게 떼어 주었다. 그리고 나머지는 누미디아의 왕족들이 다스리게 했다. 기원전 104년 마리우스는 고국으로 돌아왔고 로마 시에서 개선 행진을 거행했다. 유구르타는 지하 감옥에 갇혀 굶어 죽는 신세가 되었다.

킴브리족과 테우토네스족

유구르타 전쟁이 딱 알맞은 시기에 끝이 났다. 왜냐하면 로마는 마리우스의 재능과 지략이 필요한 위기의 상황이었기 때문이다.

북부 유럽의 야만족인 킴브리족과 테우토네스족이 로마의 국경을 위협하고 있었다. 이미 로마군은 론 강 유역에서 이들과 싸워 다섯 번이나 연속으로 패한 상태였다. 로마군 병사 8,000명과 비전투 종군자 3,000명이 목숨을 잃었다. 이때 야만족이 마음먹고 이탈리아를 침공했다면 분명 로마도 멸망했을지 모른다. 불행 중 다행히도 그들은 피레네산맥 쪽으로 방향을 틀었고 한동안은 에스파냐 지방에서 약탈을 일삼았다.

두 번째로 집정관에 임명된 마리우스는 군대를 조직

킴브리족과 싸워 승리한 마리우스(프란체스코 사베리오 알타무라 作)

하고 훈련시키는 데 혼신의 힘을 기울였다. 갈리아 지방 남쪽의 론 강 근처 평원에서 고강도로 병사들을 훈련시켰다. 훈련의 압박에 못 이겨 목숨을 잃는 사람도 생겨났지만 살아남은 사람들은 누구보다 강한 군인이 되었다. 공병대도 각 군단에 배치해 무기뿐 아니라 연장을 사용하는 법까지 가르쳤다. 기원전 102년 마리우스는 네 번째로 집정관이 되었을 때, 드디어 적군과 맞서 싸울 준비가 되었다고 판단했다.

에스파냐에서 다시 이탈리아로 돌아온 야만족은 부대를 두 편으로 나누었다. 킴브리족은 알프스산맥 북쪽 기슭을 끼고 행군해 이탈리아로 침공할 태세를 갖추었다. 테우토네스족은 갈리아 지방으로 들어와 대기했다.

테우토네스족이 움직이자 마리우스는 아쿠아이 섹스티아이

근처에 진지를 구축했다. 마리우스는 적군이 지나쳐 가기만을 기다렸고 조심히 뒤따라 가다가 적당한 기회에 덮쳐 버렸다. 한바탕 전투가 벌어졌지만 야만족은 잘 훈련된 로마군에 감히 적수가 되지 못했다. 전투는 이틀간 이어졌고 테우토네스족은 엄청난 희생을 당해야 했다. 전투가 끝날 무렵 마리우스에게 다섯 번째로 집정관에 임명되었다는 소식이 날아왔다.

한편 킴브리족은 알프스산맥을 넘어 롬바르디 지방의 비옥한 들판을 쑥대밭으로 만들어 놓았다. 다른 집정관 카툴루스가 막아 보려 했지만 역부족이었다.

이듬해 마리우스는 카툴루스를 지원하러 달려왔다. 킴브리족 역시 베르켈라이 근처에서 테우토네스족과 같은 운명에 처하게 되었다. 이제 이탈리아는 야만족의 공포에서 벗어날 수 있었다.

적군의 침략이라는 위험으로부터 벗어나자마자 로마 내부에서는 정치적 다툼이 크게 일어났다. 마리우스는 여섯 번째로 집정관에 임명되었다. 당시 가장 인기 있던 정치인은 집정관 사투르니누스와 법무관 글라우키아였다. 그들은 이른바 아풀레이우스 곡물법과 토지법*을 추진했고 원로원은 시민들의 눈치를 보느라 법의 실행을 선포할 수밖에 없었다. 메텔루스 누미디쿠스가 이 법을 따르지 않자 사투르니누스는 원로원 건물에서 그를 끌어내 도시 밖으로 완전히 추방시켰다. 이 혼란한 시기

* 아풀레이우스 법의 요지는 다음과 같다.
1. 모든 로마인은 국내의 곡식을 명목 가격으로 구입할 수 있다.
2. 킴브리족이 차지하고 있던 갈리아 키살피나(알프스 이남의 갈리아)의 땅은 이탈리아인과 로마 시민에게 분배해야 한다.
3. 마리우스 밑에 있던 퇴역 군인들은 시칠리아 섬, 아카이아, 마케도니아에 식민지를 세울 수 있다.

에 마리우스는 자신은 정치인이 아니라며 발을 뺐다. 그는 아무런 판단도 하지 않고 모든 당파를 만족시키려다 보니, 결국 아무도 만족시키지 못했다.

민중을 지지하는 쪽에는 두 개의 당파가 존재했다. 온건한 당파는 예전에 유구르타를 비난했던 멤미우스가 이끌었다. 급진적인 당파의 지도자는 사투르니우스와 글라우키아였다. 멤미우스와 글라우키아 둘 다 집정관 선거에 출마했는데, 멤미우스가 훨씬 우세했다. 하지만 글라우키아는 폭력배를 보내 멤미우스를 때려 죽였고, 이 사실이 만천하에 드러나자 사투르니우스와 글라우키아는 공공의 적이 되고 말았다. 결국 원로원 건물에 대피해 있던 두 사람은 지붕을 뜯고 들어온 폭도들에게 돌에 맞아 죽었다. 두 사람이 죽고 난 뒤 추방당했던 메텔루스가 다시 로마로 소환되었다. 그도 머지않아 살해당하는데, 배신자의 소행으로 의심되었다.

한편, 마리우스는 정치적 위기를 겪고 있던 시기에 소신 있는 태도를 보여 주지 못해 사람들로부터 평이 좋지 않았다. 그는 자진해서 망명길에 올라 소아시아를 거쳐 폰투스의 왕 미트라다테스의 궁전에 머물렀다. 이후 기원전 99년부터 기원전 91년까지 8년간 로마는 비교적 안정된 시기를 보냈다.

동맹시 전쟁

이 즈음 원로원과 에퀴테스 사이에 치열한 경쟁이 벌어졌다. 원로원에서는 속주의 총독을 선출했고, 에퀴테스 계층에서는 세금 징수관이 뽑혔다. 원로원과 에퀴테스가 어떻게 구성되어 있는지 살펴보면 당시의 상황을 좀 더 쉽게 이해할 수 있다.

300명(나중에는 600명으로 늘어남)으로 구성된 원로원 의원들은 종신직이었다. 원로원 의원이 죽거나 해고를 당해서 공석이 생기면 감찰관이 독재관, 집정관, 법무관, 고위 조영관(술라 시대 이후에는 재무관 포함) 중에 한 명을 원로원 의원으로 임명했다. 위의 정무관들이나 호민관은 원로원 회의에 참여할 수 있었지만 투표권은 없었다. 원로원 의원이 되면 따로 돈을 벌 수 없도록 규정되어 있었기 때문에 기본적으로 부유한 사람이 자격 요건이 되었다.

우리는 제1부 4장에서 로마 시민이 신분이 아닌 재산의 정도에 따라 6개의 계급으로 나뉘고, 다시 193개의 켄투리아에 배치된다는 사실을 살펴보았다. 기원전 225년에는 켄투리아의 수가 373개까지 늘어났다. 이 가운데 최상위 계급으로 이루어진 18개의 켄투리아를 '에퀴테스'라고 불렀다. 이들은 어느 정도 이상의 재산을 소유하고 있어야 했다. 에퀴테스는 라틴어로 '기사(騎士)'를 뜻하는데, 이런 이름이 붙은 것은 처음에 이들이 기병대로 복무했기 때문이다. 에퀴테스는 원래 귀족 출신으로만 이루어졌으나 나중에는 부유한 평민층도 많이 포함되었다.

처음에는 원로원과 에퀴테스 간에 적대감이 전혀 없었다. 그러다가 기원전 123년 가이우스 그라쿠스가 배심원단을 원로원이 아닌 에퀴테스 계층에서 선출하는 법안을 통과시키면서 상황이 180도 달라졌다. 이때부터 두 계층 사이에 불화가 생겼고 시간이 갈수록 갈등의 골은 깊어만 갔다. 한쪽에는 원로원으로 대표되는 노블레스 계층이 뭉쳤고, 또 한쪽에는 에퀴테스 계층이 단결했다.

에퀴테스 계층은 배심원단을 차지하고 있었으므로 법정을 쥐락펴락할 힘이 있었다. 가끔 그 힘을 남용하기도 했는데, 특히 비리를 저지른 속주 총독이 재판을 받을 때 더 심했다. 앞서 말했듯이 에퀴테스 계층이 속주의 세금 징수관 자리도 차지했다. 그들은 마음대로 속주민들을 갈취했다. 총독이 개입해서 못하게 막으려고 하면, 에퀴테스는 총독을 비리 혐의로 고발하겠다고 협박했다. 이 때문에 총독들은 대개 세금 징수관들의 착취를

묵인했다. 그나마 소수의 용감한 충독들이 벌금형이나 유배형을 무릅쓰고 부당 행위를 저지하려고 했다.

이탈리아 안에서는 또 다른 문제가 로마 동맹을 위협하고 있었다. 당시 로마 동맹시의 거주자들은 로마의 시민권을 공유하지 못했다. 거의 2세기 동안 로마 동맹시는 로마인들과 생사고락을 함께했다. 이제 동맹시 거주민들은 자신도 로마 시민의 특권을 충분히 누려도 된다고 생각했다.

기원전 91년 호민관 마르쿠스 리비우스 드루수스는 개혁을 추진했다. 덕망 있고 부유하며 인기도 많았던 그는 현안들을 평화롭고 공정하게 해결하고 싶었다. 하지만 법정 체제를 개혁하려고 하다가 에퀴테스의 반발을 샀다. 또 농지법과 곡물법을 제정하면서 적들이 많이 생겨났고, 모든 이탈리아인에게 로마의 시민권을 부여하려다가 강한 반대에 부딪혔다.

드루수스가 제안한 법안들이 통과되었지만, 원로원은 원천 무효라고 선언했다. 그는 배신자라고 비난받았으며 같은 해 암살범에게 살해당했다. 드루수스의 죽음은 이탈리아인들에게 큰 실망감을 가져다주었다. 마침내 이탈리아의 8개 동맹시가 모여 코르피니움을 수도로 삼아 일종의 연방 공화국을 세우고 '이탈리아'라고 이름을 붙였다. 이제 모든 이탈리아인들은 코르피니움의 시민이 되었고, 이곳에 의회와 원로원 건물도 마련했다.

위기에 처한 로마는 민첩하고 단호하게 행동했다. 집정관 루키우스 율리우스 카이사르와 푸블리우스 루틸리우스 루푸스는 둘 다 전장으로 향했다. 각각 다섯 명씩 참모 장교를 두었는데, 그중에는 마리우스와 술라도 포함되어 있었다.

'동맹시 전쟁'이라고 불린 이 전쟁은 처음에는 로마에 무서운 재앙과도 같았다. 캄파니아 지방을 장악한 동맹시들은 로마를 여러 번 패배시켰고, 이미 로마에 대한 충성심이 약해지기 시작한 북부 이탈리아인들과도 교섭을 시도했다.

이에 따라 로마 내에서도 여론이 좀 더 진보적으로 변하기 시작했다. 즉, 자신들의 특권인 시민권을 양보한다는 것이었다. 기원전 90년 연말 무렵, 집정관 카이사르는 율리우스 법을 실시했다. 이 법의 요지는 봉기를 일으키지 않은 이탈리아인에게 로마의 시민권을 부여하겠다는 것이었다. 이듬해에는 율리우스 법을 좀 더 보완한 플라우티아 파피리아 법이 통과되었다. 60일 안에 로마에 있는 법무관에게 이름을 등록하기만 하면 이탈리아인은 누구나 로마 시민권을 얻을 수 있었다. 이즈음에 칼푸니아 법도 통과되었는데, 모든 이탈리아인 가운데 원하는 사람은 누구나 로마 정무관직에 오를 자격을 부여한다는 내용이었다. 이러한 일련의 법들이 통과되자 이탈리아의 봉기 세력은 혼란에 빠졌다. 이 와중에도 삼니움족과 루카이나족은 끝까지 저항하다가 결국 마리우스에게 진압되었다.

동맹시 전쟁은 종결되었지만 로마에 평화가 찾아오지는 않았다. 새롭게 시민권을 얻은 이탈리아인들은 충분히 만족하지 못했다. 원로원은 폭력적인 경쟁자들에 의해 산산조각이 났다. 로

마의 금융 시장은 위축되어 모든 계층이 영향을 받았다. 국고는 텅 비어 있었고 수많은 자본가들이 파산했다.

한편, 폰투스의 왕 미트라다테스와의 전쟁이 선포되자 마리우스와 술라는 지휘권을 얻고 싶어 했다.

기원전 88년에 푸블리우스 술피키우스 루푸스는 아래와 같은 법안을 제출했다.

1. 미트라다테스와의 전쟁에 대한 지휘권은 마리우스에게 줄 것.
2. 새로운 시민들을 모든 부족(선거구)에 배치할 것.
3. 일정 금액 이상의 재산을 소유한 원로원 의원은 의원직을 박탈할 것.
4. 이탈리아 봉기를 지원한 혐의로 추방된 자들을 다시 소환할 것.

이 법안은 강한 반발에 부딪혔음에도 불구하고 통과되었다. 하지만 술키피우스의 승리도 오래 가지는 못했다. 캄파니아 지방의 놀라에 주둔해 있던 술라가 로마를 향해 진군해 왔다. 집정관이 직접 군대를 이끌고 로마로 공격해 들어온 것은 이번이 처음이다.

마리우스와 술라

로마사에서 마리우스와 짝을 이루는 이름은 루키우스 코르넬리우스 술라(B.C. 138~B.C. 78)이다. 술라에 관해서는 다음과 같은 기록이 남아 있다.

'술라는 순수한 귀족 혈통이었고, 부모로부터 어느 정도 재산도 물려받았다. 다른 젊은 귀족들처럼 극장에 앉아 연극을 보고 저녁 식사 파티를 즐겼다. 그는 시인이자 화가이자 재담가였다. 겉으로는 게을러 보이지만 천성적인 군인이자 정치가이자 외교가였다. 유구르타 전쟁에서 마리우스 밑에서 재무관으로 있을 때 매우 적극적이고 유능한 정무관임을 드러내 보였다.'

아프리카에서 군사 작전을 펼칠 때 그는 병사들의 마음을 얻고 자신감을 불러일으키는 탁월한 능력을 선보였다. 이후로도 군인으로서 성공할 수 있었던 이유는 자기 부대에 한없이 열정을 쏟았기 때문이다. 부대를 잘 통제하고 심지어 정복지의 전리품을 약탈할 때도 질서정연했다. 마리우스가 마지막에 유구르타를 사로잡을 수 있었던 것도 술라의 용기와 능력 덕분이다. 킴브리족과 테우토네스족을 상대로 싸울 때도 마리우스의 휘하에 있던 술라가 승리의 주역이었다. 그러나 마리우스는 급부상하는 술라를 시기했고 그러면서 둘 사이의 우정도 한순간의 연기처럼 사라졌다.

루키우스 코르넬리우스 술라

이후 술라는 정치에 손을 뗀 채 로마에서 몇 년을 살았다. 그 기간 동안 술라나 마리우스의 이름은 세간에 거의 들리지 않았다. 그러다가 기원전 93년 술라가 법무관에 선출되면서 다시 사람들 앞에 모습을 드러냈다. 또 경기장에서 사자 100마리와 누미디아 궁수가 서로 맞붙게 하는 '쇼'를 보여 주면서 대중의 인기도 얻었다. 기원전 92년에는 속주 아시아에 총독으로 갔고, 거기서 미트라다테스 2세를 처음 만나게 되었다.

폰투스의 왕 미트라다테스 2세는 범상치 않은 인물이었다. 수많은 언어를 구사할 수 있었고, 폰투스에서는 백성들의 우상이었으며, 끝없는 야망의 소유자이기도 했다. 로마 제국이 오래 지속될 거라 생각하지 않은 미트라다테스 2세는 자기 왕국의 영토를 넓혀 가기 시작했다. 로마의 개입에 대해서는 별로 두려워하지 않는 듯 보였다.

이웃 나라인 카파도키아는 로마의 보호 아래 있었고, 로마가 허락한 군주 아리오바르자네스가 통치했다. 미트라다테스 2세는 바로 그 카파도키아를 공격한 뒤 왕을 죽이고 왕좌에 자기 조카를 앉혔다.

로마는 술라를 보내 미트라다테스 2세를 만나게 했다. 술라는 정치적 수완을 발휘해 미트라다테스 2세에게 개입하는 데 성공하고 로마로 돌아왔다.

동맹시 전쟁에서 이미 술라의 활약으로 경쟁자 마리우스의 명성은 빛을 잃었다. 술라는 보수적인 귀족파로부터 지도자로 인정받았다. 마리우스는 나이는 많았지만 자신의 기반인 민중파에게

미트라다테스 2세가 새겨진 주화

여전히 신망을 받고 있어 두 사람 사이의 경쟁의식은 더욱 치열해져 갔다.

동맹시 전쟁에서 교훈을 얻은 미트라다테스 2세는 지금이 자신의 영역을 넓힐 좋은 기회라고 생각했다. 그는 이용 가능한 모든 군대를 끌어 모아 비티니아를 침공했다. 함대를 이끌고 다르다넬레스를 지나 아르키펠라고로 항했다. 로마 총독들의 착취가 심각한 상황이라 이오니아, 리디아, 카리아와 소아시아 부

근의 모든 섬들이 기꺼이 로마에 반기를 들고 미트라다 테스 2세에게 붙었다. 미트라다테스 2세는 단 하루 만에 속주에 있는 로마인들을 남김없이 학살했는데, 약 8만 명이 희생되었다고 전해진다. 이어 미트라다테스 2세는 직접 보스포루스 해협을 건너 그리스 북부로 진군했고 그곳에서도 적극적으로 환영받았다.

동방 지역에서 이런 일들이 벌어지는 사이에, 술피키 우스 루푸스가 앞 장에서 언급한 법안을 실행하고 있었 다. 법안의 내용 중 하나는 미트라다테스 2세와의 전쟁 에 대한 지휘권을 마리우스에게 부여하는 것이었다. 술 라는 이를 원치 않았다. 그는 동맹시 전쟁 때 함께했던 부대와 캄파니아 지방에 주둔하고 있었다. 그에게 헌신 적이었던 병사들은 어디라도 따라갈 준비가 되어 있었 다. 마침내 술라는 군대를 이끌고 로마로 진군했다. 술 라의 공격에 술피키우스는 죽임을 당하고 마리우스는 아프리카로 달아나 그곳에 머물면서 돌아가는 상황을 예의 주시했다.

술라는 로마에 오래 머물러 있지 못했다. 동방 지역에 서 처리할 일들이 많았기 때문이다. 기원전 87년 술라가 로마에서 동방 지역으로 떠나자 다시 동맹시 전쟁의 불 길이 타올랐다.

마리우스의 친구인 루키우스 코르넬리우스 킨나는 그 해에 집정관이 되었다. 킨나가 아프리카에 있는 마리우스를 다시 불러들이려 하자 강한 반발에 부딪혀 킨나 역시 내쫓기는 신세가 되었다. 원로원은 킨나가 집정관직을 내려놓아야 한다고 선언했다. 킨나는 캄파니아 지방의 병사들에게 도움을 요청했는데, 그들은 기꺼이 킨나를 따를 준비가 되어 있었다. 주변에 있던 이탈리아 도시들에서도 인력과 돈을 지원해 주었고, 아프리카에서 돌아온 마리우스도 6,000명의 부대를 이끌고 킨나와 합류했다. 이제 그들은 로마로 진군했다. 로마는 곧 함락되었다. 킨나는 집정관직을 회복했고, 마리우스의 추방 명령도 취소되었다.

이듬해 마리우스는 일곱 번째로 집정관 자리에 올랐으며, 킨나는 두 번째로 집정관이 되었다. 이후 잔혹한 참사가 광범위하게 이루어졌다. 마리우스는 노예들로 구성된 경호대를 곁에 두었는데, 이들을 보내 자신이 원하는 사람은 누구나 살해하고 부유한 사람들의 집은 있는 대로 약탈했다. 하지만 공교롭게도 마리우스는 집정관직에 오른 지 16일밖에 지나지 않아 생을 마감했다. 피의 잔치도 그의 죽음과 함께 막을 내렸다.

이후로 3년 내내 킨나가 로마를 통치했는데, 사실상 독재 정치나 다름없었다. 기원전 85년과 84년에 킨나와 친한 동료가 집정관직에 오를 때는 합법적인 선거 과정을 거치지도 않았다. 그러다가 기원전 84년, 아시아에 있는 술라에 맞서 싸울 준비를 하던 킨나는 결국 암살당하고 말았다.

한편, 3만 명의 대군을 이끌고 이탈리아를 떠나 동방 지역으로 향한 술라는 미트라다테스 2세 휘하의 장군 아르켈라우스가

단단히 자리 잡고 있던 아테네로 행군했다. 기원전 86년 3월 1일, 기나긴 포위 공격 끝에 술라는 아테네를 함락시키고 도시 곳곳을 약탈했다. 같은 해에 보이오티아 지방의 카이로네이아에서, 이듬해에는 오르코메노스에서 연이어 아르켈라우스를 무찔렀다.

그 사이 술라의 부하 장군인 루쿨루스도 함대를 이끌고 소아시아 해변에서 두 번의 승리를 거두었다. 일이 이렇게 돌아가다 보니 미트라다테스 2세는 협상을 준비해야 했다. 기원전 84년 술라는 헬레스폰트 해협을 건너 미트라다테스 2세를 직접 만나 다음과 같은 강화 조약의 조건을 제시했다. 폰투스의 왕 미트라다테스 2세는 비티니아, 파플라고니아, 카파도키아를 포기하고 철수한다. 또 로마에 배상금을 지불하고 전함 80척을 넘겨준다. 한편 '로마인 대학살'을 자행했던 리디아와 카리아에도 막대한 배상금을 부과했다. 동방 지역의 일을 모두 처리한 술라는 이제 로마로 돌아갈 준비를 마쳤다.

같은 해에 킨나는 세상을 떠났다. 술라는 4만 명의 군대와 로마를 탈출했던 대규모의 귀족 무리를 이끌고 브룬디시움에 도착했다. 사실 마리우스파는 술라와 맞서 싸울 준비를 하고 있었지만, 술라가 이탈리아에 상륙한다는 소식을 듣고는 엄청난 수의 군인들이 술라 쪽으로 넘어갔다. 이탈리아 저지대 지역도 모두 술라의 손에 넘어왔다. 술라는 휘하에 총애하는 부하들을 두었는데, 그중 한 명이 23세의 젊은 폼페이우스였다. 폼페이우스의 충성과 노력이 술라의 성공에 지대한 영향을 미쳤다.

기원전 83년 마리우스파가 삼니움족과 손을 잡으면서 전쟁의 열기는 더욱 뜨거워졌다. 마침내 술라는 로마를 탈환하고 도시를 완전히 장악해 버렸다. 가장 먼저 삼니움족 포로 6,000명을 대량 학살했는데, 이는 서막에 지나지 않았다. 마리우스의 혈통은 물론 그를 동조하는 세력까지 흔적도 없이 제거하기 위해 총력을 기울였다. 이들을 범법자, 공공의 적으로 규정하고 명단을 만들어 포룸에 게시했으며, 로마와 이탈리아 전역에서는 무차별 살육을 벌였다. 이 때문에 술라는 역사적 오명을 남기게 되었다.

독재관이라는 타이틀을 얻고 미트라다테스 전쟁에서 승리의 영광을 누린 술라는 이제 자신만의 정책을 시행해 나갔다. 그 정책의 주요 목표는 원로원의 강화였다. 원로원을 자기 사람들로 채우고 로마의 모든 권력을 원로원에 집중시키고자 했다. 기원전 79년 술라는 돌연 독재관직에서 사임하고 푸테올리라는 지역으로 갔다. 이듬해에는 그곳에서 몹쓸 병을 얻어 세상을 떠나고 말았다.

술라의 개혁

술라가 시행한 개혁은 무엇이었을까? 술라는 무엇보다 원로원에 유리하도록 정무관의 권력을 제한했다. 원로원 의원만이 호민관직의 대상이 되었고, 호민관은 다른 정무관직에 오

를 수 없었다. 또 재무관을 역임하지 않고는 법무관이 될 수 없었고, 마찬가지로 법무관을 역임하지 않고는 집정관이 될 수 없었다. 재무관 후보는 나이가 30세 이상이어야 했다. 법무관의 수도 6명에서 8명으로 늘어났으며, 재무관의 수는 12명에서 20명으로 늘어났다. 집정관과 법무관에 임명된 사람은 첫해에는 무조건 로마에 머물러야 했다. 그런 다음에야 속주의 총독으로 파견될 수 있었다.

원로원의 의원 수는 에퀴테스 출신 300명이 추가되어 총 600명이 되었다. 재무관을 역임한 사람은 모두 원로원 의원이 될 자격이 되었다. 법원의 배심원단 자격은 다시 에퀴테스에서 원로원 의원으로 바뀌었다.

기원전 78년 술라가 죽은 뒤, 크라수스와 레피두스가 집정관에 선출되었다. 한창 국내 사정이 불안해 두 사람은 임기 동안 군대를 일으키지 않을 것이라고 맹세했다. 하지만 레피두스가 갈리아 지방으로 군대를 이끌고 가면서 맹세가 깨지고 말았다. 원로원이 소환을 명령하자 레피두스는 오히려 군대를 이끌고 로마로 진격했다. 기원전 78년 레피두스는 크라수스와 폼페이우스에게 패하고 목숨을 잃게 되었다.

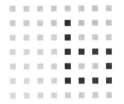

폼페이우스와 크라수스

세르토리우스, 스파르타쿠스, 루클루스

  퀸투스 세르토리우스(B.C. 121~B.C. 72)는 아펜니노 산맥 아래 누르시아라는 작은 사비니족 마을 출신이었다. 그는 마리우스파에 속했고 마리우스 밑에서 킴브리족과 테우토네스족을 물리치는 데 공을 세웠다. 기원전 97년에는 에스파냐에서 복무하면서 속주민들에게 꽤 인기를 얻었다. 기원전 91년에는 갈리아 키살피나(알프스 이남의 갈리아)의 재무관이 되었다. 마리우스가 술라와 치열하게 경쟁하던 시기에는 마리우스를 열렬히 지지했다. 술라가 동방 지역에서 로마로 돌아왔을 때는 로마를 떠나 에스파냐에서 마리우스파의 지도자가 되었다.
  에스파냐인들은 세르토리우스의 용기와 인품뿐만 아니라 마

흰 사슴과 함께 앉아 있는 퀸투스 세르토리우스(게라르드 반 퀴즐 作)

음을 감동시키는 웅변을 좋아했다. 로마의 수많은 망명
자와 도망병들도 그의 수하에 들어갔다. 세르토리우스
는 술라의 부하 장군 하나를 물리치고, 로마에서 온 메
텔루스 피우스(메텔루스 누미디쿠스의 아들)를 루시타니아
지방(지금의 포르투갈)에서 몰아냈다.

　세르토리우스는 로마를 모델로 에스파냐에 새로운 정
부를 세우고자 했다. 300명의 의원으로 이루어진 원로
원을 구성하고 오스카에 원주민 아이들을 교육하기 위
해 학교를 세웠다. 그는 자기 병사들에게는 엄격했지만,
원주민들에게는 매우 너그러웠다. 원주민들에게 선물로
받은 흰 새끼 사슴을 애지중지 키우며 늘 데리고 다녔다

는 이야기도 전해진다. 그는 에스파냐를 6년 동안 통치했다.

기원전 77년 로마의 장군인 페르페르나 휘하의 군대가 세르토리우스 부대에 합류했다. 같은 해 젊은 폼페이우스가 로마에서 파견되어 메텔루스 피우스와 합세했다. 하지만 두 장군은 세르토리우스의 적수가 되지 못했다. 사군툼 근처에서 보기 좋게 패배했던 것이다.

로마의 운명은 갈수록 어두워졌다. 세르토리우스가 지중해의 해적들과도 동맹을 맺었기 때문이다. 폰투스의 왕 미트라다테스 2세와도 손을 잡았고, 이탈리아 내에서 봉기한 노예 반란군과도 교신을 시작했다.

노예군의 지도자 스파르타쿠스

하지만 세르토리우스 진영에도 음모를 꾸미는 무리가 숨어 있었다. 기원전 72년 만찬 자리에서 세르토리우스는 음모의 주동자인 페르페르나에게 죽임을 당했다. 그의 죽음과 동시에 에스파냐에서 마리우스파도 몰락해 버렸다.

한편 이탈리아 내부에서도 위험한 적들이 이탈리아 자체를 위협하고 있었다. 기원전 73년 스파르타쿠스를 비롯한 일단의 검투사 무리가 카푸아의 검투사 훈련 학교를 탈출해 베수비우스 산에 거점을 마련했

크라수스가 십자가에 매달아 놓은 노예들(표도르 브로니코프 作)

다. 수많은 노예들과 부랑자들이 합세했고, 부대를 이
끌고 온 로마의 두 법무관을 물리칠 정도로 세력이 강
해졌다.

이듬해 스파르타쿠스는 무려 10만 명의 노예군을 이끄
는 지도자가 되었다. 그들은 이제 공세를 취하기 시작했
다. 네 번에 걸쳐 로마의 장군들이 군대를 이끌고 상대하
러 왔지만 번번이 패했다. 그들은 2년 동안 이탈리아 전
역을 돌아다니며 약탈을 일삼았다. 하지만 스파르타쿠
스의 부하가 대장을 시기한 나머지 내부에서 분열이 일
어났고, 그로 인해 세력이 급격히 약해지기 시작했다.

기원전 71년 크라수스가 전쟁을 지휘하면서 판세가
완전히 역전되었다. 전쟁은 6개월 만에 끝이 났다. 스파르타쿠스는 브룬디시움에서 열심히 싸웠지만 크라수스가 이끄는 로마군에 승리를 내주고 말았다. 에스파냐에서 세르토리우스와 싸우고 돌아오던 폼페이우스는 대패한 스파르타쿠스 부대에서 도망쳐 나온 5,000명의 노예와 우연히 마주쳤다. 폼페이우스는 한 사람도 놓치지 않고 모두 죽여 버렸다. 크라수스도 반란의 결과를 똑똑히 보여 주고자 사로잡은 노예 6,000명을 로마에서 카푸아까지 가는 길 위에 십자가로 매달아 놓았다.

로마에서 벌어지는 혼란을 틈타 폰투스의 왕 미트라다테스 2세가 다시 들고일어났다. 이를 막기 위해 기원전 74년 루키우스 리키니우스 루쿨루스가 파견되었다.

평민 출신인 루쿨루스는 동맹시 전쟁에서 처음으로 뛰어난 활약을 보였다. 이때 술라의 총애를 받았고, 기원전 88년에 미트라다테스 전쟁 때도 술라 밑에서 재무관으로 활동했다. 기원전 74년에는 코타와 함께 집정관에 선출되었다. 속주 킬키아는 로쿨루스에게, 비티니아는 코타에게 할당되었다. 미트라다테스 2세는 비티니아를 침공해 코타를 무찌르고 코타가 피신한 칼케돈을 포위했다.

군대를 강화시킨 루쿨루스는 동료를 도우러 가서 미트라다테스 2세를 폰투스로 몰아냈다. 그리고 기원전 72년에는 카비라에서, 기원전 71년에는 테네도스 섬에서 미트라다테스 2세를 물리쳤다. 미트라다테스 2세는 사위인 아르메니아의 왕 티그라네스에게 피신했다.

루쿨루스는 동방 속주 정부의 행정 체계를 개혁하고자 했다.

속주 정부의 수입원은 주로 세금이
었기 때문에, 납세자를 세금 징수관
으로부터 보호하려고 했다. 루쿨루
스의 개혁은 로마에서, 특히 에퀴테
스의 강한 반발에 부딪혔다. 에퀴테
스 역시 세금 징수가 수입의 주 원천
이었기 때문이다. 로마에 있던 반대
파들은 루쿨루스의 부대로 사람들
을 잠입시켜 루쿨루스에 대한 불만
여론을 조장했다. 안 그래도 루쿨루
스가 규율을 심하게 강조하는 바람
에 병사들이 쉽게 불만을 가질 수 있
는 상황이었다.

루키우스 리키니우스 루쿨루스

기원전 68년 루쿨루스는 아르사
니아스 강 근처에서 티그라네스와 미트라다테스 2세를
무찔렀다. 그런데 어느 순간부터 루쿨루스의 부대는 더
이상 지휘관의 명령을 따르려 하지 않았다. 할 수 없이
루쿨루스는 메소포타미아 지방의 동계 야영지로 돌아갔
다. 이듬해 병사들은 재차 반란을 일으켰고, 그로 인해
지휘관은 루쿨루스에서 폼페이우스로 바뀌었다.

지휘관직을 상실하고 로마로 돌아온 루쿨루스는 은퇴
한 뒤 여생을 보내다가 57세를 일기로 세상을 떠났다.
당시 매우 부유했던 루쿨루스는 사치스러운 저녁 만찬
을 즐기는 것으로도 유명했다.

폼페이우스와 크라수스

술라 체제는 9년 동안 지속되다가 어느 군인에 의해 뒤집어졌다. 술라가 가장 좋아하던 부하 폼페이우스가 그 체제를 깨뜨린 것이다.

그나이우스 폼페이우스 마그누스(B.C. 106~B.C. 48)는 어린 시절부터 죽는 순간까지 한평생을 군인으로 살았다. 마리우스와 술라 사이에 내전이 일어났을 때 17세였던 폼페이우스는 귀족 출신이었기 때문에 아버지와 함께 술라를 지지했다. 그는 시칠리아 섬과 아프리카에서 마리우스의 추종자들을 무찔렀다. 이 공으로 술라는 폼페이우스에게 '마그누스'라는 성을 하사하기도 했다. 그 후에 에스파냐로 파견되었고 그곳에서 어떤 일이 있었는지는 바로 앞 장에서 살펴보았다. 기원전 70년 폼페이우스와 마르쿠스 리키니우스 크라수스는 집정관에 선출되었다.

그나이우스 폼페이우스 마그누스

스파르타쿠스를 무찔렀던 크라수스(B.C. 108~B.C. 53)는 광산업이나 노예무역 등 갖가지 사업을 추진해 막대한 부를 쌓았다. 그는 사람들에게 정치적인 영향력을 끼쳤지만, 그를 이끄는 주된 욕망은 다름 아닌 '탐욕'이었다.

술라가 통과시킨 법에 따르면 폼페이우스와 크라수스는 둘 다 집정관이 될 자격이 없었다. 폼페이우스는 재무관직

을 맡아본 적이 없었고 나이도 35세에 불과했다. 크라수스는 아직 법무관이었고 2년을 더 기다려야 했다.

하지만 술라 체제는 급격히 무너졌다. 호민관은 그들만의 특권인 거부권을 다시 얻게 되었다. 법정의 배심원단도 원로원에서 다시 에퀴테스로 바뀌었다.

폼페이우스는 임기가 끝난 뒤에 기원전 70년부터 기원전 67년까지 약 3년 동안 로마에 조용히 머물고 있었다. 그러다가 그리스의 해적을 소탕하는 임무를 맡게 되었다. 예전부터 이 해적들은 지중해 해안가에 수시로 출몰해 약탈을 일삼았다. 로마에 내전이 일어나고 있을 때 이들의 약탈 행위는 더 대담해졌고, 그래서 로마는 적극적인 조치를 취할 수밖에 없었다. 해적들은 지중해의 무역을 완전히 마비시켰는데, 심지어 이탈리아도 그들의 습격으로부터 안전하지 못했다.

호민관 가비니우스는 폼페이우스가 3년 동안 군 지휘권을 가질 수 있게 해 달라고 제안했다. 그에 따라 폼페이우스는 지중해 전역에 걸친 여러 속주를 통합할 수 있는 절대 권한을 부여받았다. 또 50명의 부관과 200척의 전함, 그리고 필요한 만큼 병력을 거느릴 수 있었다. 마침내 폼페이우스가 출동하자 해적은 3개월 만에 깡그리 소탕되었다.

마르쿠스 리키니우스 크라수스

해가 바뀐 기원전 66년, 호민관 만리우스가 제안한 이른바 '만리우스 법'에 의해 폼페이우스의 권력은 한층 더 강화되었다. 이 법에 따라 동방 지역에 대한 통치권이 폼페이우스에게 부여된 것이다. 그러나 폼페이우스의 임명에 대해 원로원측, 특히 '원로원의 아버지'라 불리는 카툴루스와 연설가 호르텐시우스는 거세게 반발하고 나섰다.

예루살렘 신전을 유린하는 폼페이우스(장 푸케 作)

이때 키케로가 최초의 정치 연설(pro lege manilia)로 폼페이우스를 지원했다. 그는 폼페이우스가 동방 지역에서 사실상 독재관이 되어야 한다고 목소리 높여 주장했다. 동방 지역에서 폼페이우스의 군사 작전은 대성공을 이루었다. 물론 앞서 루쿨루스의 승리에 힘입은 바도 적지 않지만, 그는 확실히 유능한 군인임을 스스로 증명해 보였다. 미트라다테스 2세는 흑해를 건너 판티카파이움(오늘날 우크라이나의 케르치)으로 몸을 피했다.

기원전 64년에 폼페이우스는 시리아로 가서 로마의 이름으로 그 땅을 손에 넣고 속주로 삼았다. 폼페이우스는 유대 왕국에서 히르카누스와 아리스토불루스 두 형제가 왕위를 놓고 다툴 때 재판관으로 초빙되기도 했다. 재판에서 내린 결정은 유대인들이 바라던 바와는 정반대였고, 심지어 그는 3개월간 예루살렘을 공격해 함락시켰다. 폼페이우스는 매년 로마에 조공을 바치는 조건으로 히르카누스를 왕위에 앉혔다.

한편 미트라다테스 2세는 오랜 계획을 이루기 위해 폰투스로 돌아왔다. 하지만 로마군이 주는 공포가 끔찍했기에 그의 아들조차 아버지와 함께하기를 꺼렸다. 생각보다 상황이 많이 변한 것에 절망한 늙은 군주는 57년을 통치하고 63세를 일기로 세상을 떠났다. 이후로 아시아에서는 한동안 로마에 저항하는 세력이 나오지 않았다.

시리아와 폰투스뿐 아니라 비티니아와 크레타 섬도 로마의 속주가 되었다. 킬리키아는 팜필리아와 이사우리아가 추가되면서 확대되었다. 소아시아에는 속주가 아닌 보호령이 세 군데 있었다. 각각 데이오타루스가 통치한 갈라티아, 아리오바르자네스가 다스린 카파도키아, 아탈루스가 통치한 파플라고니아이다.

폼페이우스는 로마를 떠난 지 거의 7년 만에 고국으로 돌아왔고, 기원전 61년 1월 1일에 개선식을 거행했다. 44세가 된 폼페이우스는 그동안 위대한 업적을 이루었다. 선진 문명의 중심지가 될 여러 도시들을 세웠으며, 에스파냐, 아프리카, 아시아의 정복자로서 입지를 굳혔다.

이후 폼페이우스의 삶은 카이사르와 밀접한 관련이 있다. 카이사르의 딸 율리아가 그의 아내였기 때문에, 폼페이우스와 카이사르 두 사람의 관계는 매우 가까워졌다.

카이사르와 키케로

카이사르 가문은 아이네아스*의 아들 이울루스의 후손이라고 주장하는 율리아 젠스(Gens)에 속하는 집안이었다. 카이사르 가문은 로마에서 중요한 위치를 차지했다. 가문 출신들이 집정관, 법무관, 감찰관, 조영관 등 고위 관직을 맡았고, 사회에서는 중도적인 귀족층의 위치에 있었다. 가이우스 율리우스 카이사르의 직접적인 혈통은 할아버지 이상으로는 거슬러 올라갈 수가 없다. 카이사르의 할아버지는 손자 카이사르와 이름이 동일했고, 마르키아를 아내로 두었다. 마르키아는 로마의 제4대 왕 안쿠스 마르키우스의 후손으로 알려져 있다. 두 사람은 세 자녀를 낳았는데, 가이우스 율리우스(카이사르의 아버지), 섹스투스 율리우스, 율리아(마리우스의 아내)

* 신화에 따르면 아이네아스는 미의 여신 아프로디테와 트로이의 왕족 안키세스의 아들이다. 그는 트로이가 함락되자 아버지를 업고 이탈리아로 가서 새로운 나라를 세웠다고 한다. 시인 베르길리우스의 장편 서사시 「아이네이스」에 아이네아스의 이탈리아 모험담과 로마 건국 이야기가 자세히 나온다.

신화에 등장하는 아이네아스(루카 조르다노 作)

였다. 가이우스 율리우스는 법무관 이상의 고위직에 오르지는
못했다. 그는 우아하고 현숙한 여인 아우렐리아와 결혼했고, 기
원전 100년 7월(July) 12일 아들 가이우스를 낳았다.

　기원전 86년 킨나가 집정관직에 있을 때, 누군가가 젊은 카이
사르를 보고 키가 크고 날렵하며 얼굴은 잘생겼는데 검고 날카
로운 눈과 창백한 낯빛이 인상적이고 교양과 지성을 갖춘 듯하
다고 묘사했다. 카이사르의 아버지는 마리우스파에 속해 있었
다. 삼촌인 마리우스가 추방당했던 그날의 학살 현장은 어린 카
이사르에게 분명 깊은 인상을 남겼을 것이다. 카이사르의 친한
친구 중 한 명이 6살 어린 키케로였다.

마리우스는 어린 조카의 남다른 자질을 알아보았고, 그를 적극적으로 밀어주어야겠다고 마음먹었다. 마리우스는 15세에 불과한 카이사르를 유피테르 신전의 최고 사제(플라멘 디알리스)로 만들었다. 이 사제직은 수입이 제법 괜찮은 편이었다.

기원전 84년 아버지가 죽고 얼마 있지 않아 카이사르는 킨나의 딸 코르넬리아와 결혼식을 올렸다. 이 결혼으로 카이사르는 민중파와 더 긴밀히 연결되었다.

술라가 동방에서 로마로 돌아왔을 때 카이사르의 나이는 겨우 18세였다. 로마에서는 대학살극이 벌어졌고 카이사르가 속한 민중파는 초토화되었다. 카이사르와 가까이 지내던 친구들은 뿔뿔이 흩어지거나 죽임을 당했다. 그런데 카이사르는 추방당하지 않았다. 술라가 이 전도유망한 젊은이를 자기편으로 만들고 싶었기 때문이다. 술라는 카이사르에게 지금의 아내와 이혼하고 자기가 골라 준 사람과 결혼할 것을 제안했다. 카이사르가 단박에 거절하자, 여지없이 압박이 들어오기 시작했다. 카이사르의 사제직과 재산, 아내의 지참금까지 모두 몰수해 버린 것이다. 그래도 소용없자 분노한 술라는 카이사르를 범죄자로 낙인찍고 그의 머리에 현상금을 걸었다. 하지만 영향력 있는 동료들이 카이사르의 선처를 호소하자, 술라도 마지못해 그를 용서해 주었다. 이후 카이사르는 이탈리아를 떠나 아시아에 주둔하고 있는 로마군에 입대했다.

이곳에서 카이사르는 군인으로서 도제 기간을 보냈다. 그는 법무관 테르무스 수하에 들어갔다. 당시 테르무스는 레스보스 섬에 근거지를 마련한 해적을 소탕하기 위해 파견된 상태였다. 병력이 모자라다고 판단한 테르무스는 카이사르를 로마의 동맹인 비티니아의 왕 니코메데스에게 보내 병력 지원을 요청했다. 카이사르는 임무를 잘 수행하고 레스보스 섬으로 귀환했다. 게다가 레스보스 섬의 미틸리네를 정복하고 동료 군인의 목숨을 구해 명예로운 화환을 받기도 했다.

다음으로 카이사르는 킬리키아에서 세르빌리우스의 휘하로 들어갔다. 당시 킬리키아의 해안을 습격하는 해적을 소탕하기 위해 세르빌리우스의 군대가 파견 중이었다. 기원전 77년의 어느 날, 이곳에서 카이사르는 술라의 사망 소식을 듣고 즉시 고국으로 돌아왔다. 그 이듬해 카이사르는 마케도니아의 전직 총독인 돌라벨라를 뇌물 수수 혐의로 고발했다. 그는 열정적으로 변론을 펼쳤지만 결국

그리스의 시인 아폴로니우스

책을 읽고 있는 어린 키케로(빈첸초 포파 作)

패소하고 말았다.

　변호인으로서 부족함을 느낀 카이사르는 로도스 섬에 사는 그리스의 시인 아폴로니우스 밑에 들어가 수사학을 공부하고자 마음먹었다. 다행히 재산과 사제직을 다시 회복하면서 시간적으로 여유가 생겼다. 그런데 카이사르가 로도스 섬으로 가는 길에 해적에게 붙잡히는 일이 발생했다. 해적들은 몸값을 받고서야 그를 풀어 주었다. 밀레투스에 도착한 그는 배 몇 척을 이끌고 다시 자기가 붙잡혔던 섬으로 돌아와 해적 무리를 붙잡았다. 그런 다음 페르가무스로 해적들을 데려가 유죄를 선고해 십자가형에 처했다. 사태가 마무리되자 카이사르는 다시 로도스 섬으로 향했고, 그곳에서 2년 동안 학업에 매진했다. 그러던 어느 날 폰투스의 왕 미트라다테스 2세가 군대를 일으켰다는 소식을 듣고는 곧바로 그리스 본토로 넘어갔다. 그는 자원병을 모집한 뒤 군대를 이끌고 카리아를 구해냈다.

학업을 마친 카이사르는 로마로 돌아와 아내와 어머니와 함께 한동안 조용한 나날을 보냈다. 물론 로마에서 벌어지는 사태를 예의 주시하고 있었다. 이처럼 카이사르가 앞으로 치르게 될 큰 싸움을 자기도 모르게 준비하고 있는 동안, 그의 친구 키케로가 로마에서 주목받기 시작했다.

키케로

마르쿠스 툴리우스 키케로는 마리우스와 동향 사람이었다. 그는 에퀴테스 계층에 속했고 최고의 그리스 교사들에게 훌륭한 교육을 받았다. 성인으로 자라나면서는 정치적으로 카이사르와 반대되는 당파를 선택했다. 또 원로원 앞에서 연설가로서 명성을 얻고 싶어 했고 마침내 원로원 의원 자리까지 오르게 된다. 기원전 89년에는 동맹시 전쟁에 참가했으며, 이후에 로마에서 내전이 벌어질 때는 조용히 학문 활동에 매진했다.

기원전 80년 키케로가 아버지 살인 혐의로 부당하게 고소된 로스키우스를 성공적으로 변호하면서 장밋빛 미래가 예고되었다. 이후 몇 년간 그리스와 아시아 지방을 두루 여행하면서 견문을 넓혔다. 기원전 75년 그는 로마로 귀국한 지 얼마 되지 않아 재무관에 임명되었고, 그렇게 해서 원로원의 의원이 되었다. 한편 시칠리아 섬에서 공직 생활을 하면서 로마 총독들의 부패한 민낯을 목격하게 되었다. 5년 뒤 키케로는 그 유명한 '베레스의 재판'을 승리로 이끈다.

베레스는 술라의 추종자였는데, 추방 기간 동안 얼마간의 재산을 축적했다. 그리스와 아시아 지역에서 행정관으로 지낼 때는 탐욕과 잔인함으로 악명이 높았다. 이때 착복한 돈으로 법무관직을 사들였고 원로원 의원에 오르기도 했다. 또 동료 원로원 의원들을 매수해 시칠리아 섬의 총독에 부임되기도 했다. 총독을 지내면서 저지른 만행은 어느 속주의 총독보다 심각했다. 지금도 그의 만행을 속속들이 알 수 있는 이유는 키케로가 그를 고발하면서 작성한 장문의 변론서가 남아 있기 때문이다.

베레스는 3년 동안 시칠리아 섬의 총독으로 지냈다. 그는 총독의 지위를 이용해 모든 민·형사 사건을 재판했다. 어떤 사건이든 돈을 많이 가져다주는 쪽에 손을 들어 주었다. 속주민들의 재산을 부당한 방법으로 몰수했고 값비싼 예술품들도 갈취했다. 이런 식으로 베레스가 모은 재산의 양은 천문학적이었다. 이 가운데 3분의 2가 자신과 관련된 고발 사건을 입막음하는 데 사용되었다. 나머지는 쓰고 싶은 대로 맘껏 썼다. 그러나 아무리

많은 돈을 써도 키케로의 변론을 막을 수 없었고, 결국 총독직에서 탄핵되어 쫓겨나고 말았다.

바로 이즈음 카이사르가 로도스 섬에서 수사학 공부를 마치고 고국을 돌아왔다. 카이사르는 카리아에서 이룬 업적 때문에 군사 호민관에 선출되었다. 2년 뒤인 기원전 68년에는 재무관이 되었고, 그 때문에 원로원 의원직을 얻을 수 있었다. 이 시기에 카이사르의 가까운 친척인 고모 율리아가 세상을 떠났는데, 카이사르가 직접 추도 연설을 맡기도 했다.

카이사르는 어느덧 폼페이우스의 존재에 대해 알게 되었다. 폼페이우스는 여섯 살이 더 많았지만 이미 뛰어난 군인으로 명성을 얻고 있었다. 카이사르의 부인인 코르넬리아가 세상을 떠나자, 카이사르는 폼페이우스의 사촌인 폼페이아를 두 번째 부인으로 맞이했다. 기원전 67년 카이사르가 '먼 에스파냐'에 재무관으로 부임해서 갔을 때, 폼페이우스가 시작해 놓은 일을 완성했고, 재정 문제도 안정시켰다. 아무래도 민중파에 속해 있었기 때문에 속주의 일을 더 쉽게 해결할 수 있었다.

카틸리나의
역모 사건

폼페이우스가 동방 지역에 가고 없을 때, 로마의 상황은 나날이 심각해졌고 공화국은 빠르게 전복되어 갔다. 많은 사람들이 술라 밑에서 고통스러워하며 자신이 잃어버린 것을 되찾고 싶어 했다. 한편 독재관 술라 덕분에 부정하게 부를 쌓은 사람들은 재산을 탕진하고 있었다. 이제 로마인들은 나라를 혼란에서 구해 줄 새로운 지도자를 염원했다. 원로원은 시민들이 얻은 권력을 시샘했고, 시민들은 원로원을 더 이상 신뢰하지 않았다.

장차 집정관이 되려고 하는 귀족들 중에 루키우스 세르기우스 카틸리나라는 인물이 있었다. 이 사람은 노련하고 대담했으며 사람을 잘 꾀는 능력이 있었다. 기원전 68년 카틸리나는 법무관직에 올랐고, 다음 해에는 아프리카 속주에 총독으로 부임했다. 아프리카에서 속주민들에게 많은 돈을 착취해 집정관직을 돈으로 살 수 있을 정도가 되었다. 로마로 돌아온 카틸리나는 아프리카에서 벌인 악정으로 고발당했지만, 키케로가 변론을 해 주고 배심원단을 구워삶은 덕분에 무죄 선고를 받을 수 있었다.

해가 바뀐 기원전 63년에는 집정관 후보직에 올랐다. 카틸리나 외에도 후보가 두 명 더 있었는데, 마르쿠스 안토니우스의 삼촌인 안토니우스와 키케로였다. 안토니우스는 당선이 거의 확실시되었기 때문에, 진짜 승부는 카틸리나와 키케로 사이에서 벌어졌다. 결과는 키케로의 승리였다. 베레스를 고발하고 만리우스 법을 변론하면서 인기를 얻었던 것이다. 이렇게 키케로는 자신이 바라던 목표에 도달하게 되었다.

그와 함께 카이사르도 부상했다. 기원전 65년에 카이사르는 고위 조영관이 되었다. 카피톨리네 언덕에 많은 돈을 들여 기념비

기둥 3개만 남은 디오스쿠리 신전

들을 세워 놓았고, 디오스쿠리(제우스의 쌍둥이 아들, 카스트로와 폴룩스) 신전을 건축했다. 특히 큰 경기 대회나 볼거리 등을 제공해 대중을 즐겁게 해 주었다.

이제 카이사르는 민주적인 지도자로서 부각되기 시작했다. 기원전 63년, 최고 제사장(폰티펙스 막시무스)이었던 메텔루스 피우스가 죽으면서 그가 있던 자리가 공석이 되었다. 카이사르는 최고 제사장직 후보가 되었고, 나머지 두 후보보다 훨씬 많은 표를 얻어 당선되었다. 다음 해인 기원전 62년에는 법무관에 선출되어 인기를 또 한 번 증명했다.

한편 키케로는 카틸리나를 처리하지 못하면 아무런 명성도 얻지 못하고 집정관직을 마쳐야 할 상황이었다. 카틸리나는 집정관 선거에서 실패한 뒤로 로마 시를 장악하고 불바다로 만들 역모를 꾸미고 있었다. 그는 귀족 가문을 비롯해 많은 추종자를 거느리고 있었는데, 그중에는 최근에 감찰관에 의해 원로원에서 쫓겨난 전직 집정관 렌툴루스와 부정한 돈으로 로마 정부를 쥐락펴락하던 케테구스도 포함되어 있었다. 또 술라 밑에서 복무한 퇴역 군인들, 토지를 빼앗겨 굶주리는 농민들, 온갖 범법자들도 렌툴루스 밑으로 모여들었다. 공모자들은 두 무리로 나뉘었다. 도시 바깥에 있는 사람들은 마르쿠스 만리우스가 이끌었고 파이술라이를 근거지로 삼아 훈련된 군인들을 모았다. 도시 내부에 있는 사람들은 카틸리나가 이끌었다. 이들은 비밀회의에서 반란을 일으

원로원에서 카틸리나의 탄핵 연설을 하는 키케로(체사레 마카리 作)

켜 정무관들을 제거한 뒤 정부를 장악하고 에트루리아에 있는
군대와 합류할 모의를 꾸몄다. 하지만 키케로는 첩자를 풀어 비
밀회의의 존재를 파악했고, 음모가 더 구체화되기 전에 원로원
에서 이들의 존재를 밝히 드러냈다.

　카틸리나는 로마 밖으로 도망쳤지만, 렌툴루스와 케테구스를
비롯한 공모자들은 로마에서 체포되었다. 그런데 죄수들을 처
리하는 문제가 쉽지 않았다. 렌툴루스는 당시 법무관이었고, 공
직에 있는 사람은 신성하게 여겨야 했다. 그라쿠스의 셈프로니
우스 법은 재판과 항소 없이 어떤 로마 시민도 처형할 수 없다
고 규정하고 있었다. 이 때문에 많은 공모자들이 처벌을 피할
수 있는 상황이었다.

원로원 회의에서 주요 연설자는 카이사르, 카토[*], 키케로였다. 카토와 키케로는 공모자들의 즉각적인 처형을 주장한 반면, 카이사르는 종신형을 제안했다. 세 사람은 개인적인 기질과 정치 성향에 따라 판단 기준이 제각기 달랐다. 키케로는 근본적으로 공모자들을 믿을 수 없었고 이들을 통제할 자신도 없었다. 따라서 공모자들이 훗날 자신에게 위험한 적이 될 것을 우려했다. 국가의 개혁을 바라던 카토는 미래 세대를 위해 선례를 만들어 경고로 삼아야 한다고 생각했다. 한 사람은 국가를 잊은 채 개인적인 두려움에 사로잡혀 있었고, 또 한 사람은 자기 자신이 아닌 국가의 안위만을 생각했다.

반면 카이사르는 모든 것이 엄격하게 법의 절차에 따라 진행되기를 원했다. 용감하고 현명한 정치가인 카이사르는 통치자에게 무법의 폭력보다 지혜롭지 못한 처사는 없다고 주장했다. 키케로는 소심한 행정가였고, 카토는 무분별한 개혁가였던 반면, 카이사르는 지혜와 뚝심을 소유한 안정적인 지도자였던 셈이다.

기원전 63년 12월 5일, 사형 선고가 결

* 감찰관으로 활약했던 대(大) 카토의 증손자로, 전체 이름은 마르쿠스 포르키우스 카토이며, 소(小) 카토로도 불린다. 성품이 강직하고 청렴했으며 스토아학파의 철학자로 활동하기도 했다. 아프리카의 우티카에서 생을 마감해 '우티켄시스'라는 별칭이 붙었다.

마르쿠스 포르키우스 카토

정되었다. 키케로는 서둘러 당일 저녁에 공모자들을 처형했다. 로마 시에서 공모를 진압한 뒤 이어서 에트루리아 지방에 있는 군대를 토벌했다. 카틸리나는 도시를 빠져나와 에트루리아로 도망쳤다. 그는 피스토리아 근처에서 오합지졸 군대를 이끌고 마지막으로 발악해 보았지만 결국 전멸당하고 말았다.

키케로는 카틸리나의 역모 사건을 해결하는 데 결정적인 역할을 했다고 하여 '국부(國父)'라는 호칭을 얻었다.

카이사르가 예상한 대로 렌툴루스와 케테구스의 처형이 진행되었다. 그것은 집정관과 원로원의 무법 행위에 해당했다. 사람들은 공화정 체제가 훨씬 더 심각한 위기에 처해 있다고 생각했다. 로마 시민들은 폼페이우스가 다시 돌아오기만을 기다렸다. 그가 내부의 혼란을 해결해 줄 영웅이라고 생각했던 것이다.

키케로는 자신을 제2의 로물루스라고 생각하며 제 딴에는 국정에 열중했다. 기원전 63년 마지막 날, 집정관 퇴임식에서 관례에 따라 키케로는 사람들 앞에서 그해 집정관으로서 이행한 업적을 발표했다. 그런데 호민관 메텔루스 네포스가 키케로의 연설을 막았다. 로마 시민의 목소리도 듣지 않고 사형에 처한 자의 연설은 들을 필요도 없다고 했다. 메텔루스가 키케로를 탄핵할 것이라고 위협하자 로마 시는 흥분의 도가니가 되었다. 메텔루스는 민회에서 폼페이우스를 다시 불러들이자고 제안했다. 하지만 원로원은 폼페이우스의 귀환을 두려워했다. 법무관이 된 카이사르는 메텔루스의 제안에 재청했다. 하지만 호민관이었던 카토는 메텔루스에게 연설을 중지하라며 연설문을 확잡아챘다.

이제 로마는 어딜 가든 무법 천지였다. 원로원은 자신
의 뜻에 반대하는 사람은 있는 대로 짓밟았다. 특히 메
텔루스와 카이사르에게 관직에서 물러나라고 윽박질렀
다. 하지만 시민들은 카이사르를 믿고 의지했다. 사람들
은 카이사르의 집까지 쫓아와서 우리의 지도자가 되어
달라고 애원했다. 그러나 카이사르는 사람들의 요구를
거절했다. 법을 어기면서 하는 일은 어떤 것도 하고 싶
지 않았다. 그는 반대자들이 어떻게 나오는지 지켜보기
만 했다. 원로원은 아차 실수했다 싶었는지 카이사르에
게 법무관직 복귀를 요구했다.

기원전 61년 카이사르는 '먼 에스파냐'에 속주 장관
(propraetor)으로 부임해 갔다. 재무관에 재직할 당시 이
미 그 지방에서 좋은 인상을 남겼다. '먼 에스파냐'에는
여전히 로마의 통치력이 미치지 않는 지역도 있었다. 산
적들이 날뛰며 약탈을 일삼아 문제가 컸다. 하지만 카이
사르가 장관으로 부임하면서 에스파냐 지방을 완벽히
장악했고 산적들을 모조리 소탕했다. 뿐만 아니라 속주
정부를 개편하고 로마에 많은 국고도 보내 주었다. 카이
사르는 뛰어난 행정 능력 덕에 유력한 집정관 후보가 되
었다.

한편 폼페이우스가 드디어 로마로 돌아왔다. 기원전
62년 12월에 브룬디시움에 상륙했는데, 정복지의 수많
은 포로들과 막대한 양의 전리품을 가지고 들어왔다. 로

마에서는 성대한 개선식이 거행되었다. 원로원에서는 특별히 폼페이우스가 승리의 예복을 입을 수 있도록 허락했다.

기원전 60년에는 명성과 부(富) 두 마리 토끼를 잡은 카이사르가 로마로 돌아왔다. 카이사르는 여전히 원로원의 따가운 눈초리를 받고 있었지만, 그럼에도 자신을 좋아해 주는 대중으로부터 힘을 얻을 수 있었다. 폼페이우스 뒤에는 든든한 군사적 기반이 마련되어 있었다. 그는 늘 자기편이었던 카이사르와 기쁜 마음으로 손을 잡았다.

카이사르는 폼페이우스를 자기편으로 끌어들이면서 인력과 군대가 충분히 준비되었다고 생각했다. 이제 보다 확실한 성공을 위해 '돈줄'이 필요했다. 카이사르는 로마에서 소문난 부자였던 크라수스를 자기편으로 만들었다. 이른바 '제1차 삼두 정치'로 잘 알려진 세 사람이 모이게 되었다. '지혜, 명성, 부의 대연합'을 통해 카이사르는 최강의 권력을 기대했다. 물론 폼페이우스 역시 더 큰 권력가가 되길 원했고, 크라수스도 더 큰 부자를 꿈꾸었다.

제1차 삼두 정치

제1차 삼두 정치에서 표면상으로는 폼페이우스가 우두머리였지만 곧 카이사르를 집정관 후보로 밀어주었다. 크라수스는 자기 재산으로 선거에 영향력을 미쳤다. 마침내 기원전 59년 카이사르는 아무런 저항 없이 집정관직에 올랐다. 또 한 명의 집정관은 원로원의 꼭두각시인 마르쿠스 비불루스였다.

카이사르는 정치인으로서 가장 높은 직위에 올랐다. 지금까지 그의 정치 인생은 늘 법의 테두리 안에서 이루어졌다. 정치 투쟁에서 무법 또는 불법에 저항하기 위한 목적 외에는 정치권력을 이용하지 않았다. 그런데 이제는 자신만의 개혁 이념을 추진할 수 있는 지위를 얻게 되었다.

사실 키케로가 카이사르나 폼페이우스와 손을 잡았다

면 국가를 위한 개혁을 추진하는 데 더 유리한 위치에 있었을지도 모른다. 하지만 키케로는 자신의 헛된 영광을 위해 원로원과 손을 잡았다. 그래야만 자신의 재능이 더욱 돋보이고 명성도 더 빛날 것이라고 생각했던 모양이다.

카이사르는 집정관이 되면서 인기가 나날이 높아져 갔다. 물론 귀족들은 카이사르를 싫어했다. 그가 신중하게 제안한 농지법은 원로원의 심한 저항에 부딪혔고, 특히 동료 집정관인 비불루스와 카토 역시 반대하고 나섰다. 농지법의 요지는 귀족이 점유하고 있는 국유지의 상당 부분을 폼페이우스의 퇴역 군인들에게 분배하자는 것이었다. 물론 법적으로 귀족들에게 국유지에 대한 권리는 없었지만, 손실에 대한 보상금을 귀족들에게 충분히 지불할 것도 제안했다. 이에 비불루스와 카토는 계속 반대 입장을 표명하고 호민관들은 거부권을 행사했음에도 불구하고, 결국 민회에서 그 법이 통과되었다. 시민들의 눈치를 보느라 원로원도 법 시행을 선언할 수밖에 없었다.

'율리우스 법(Lex Julia)'은 카이사르가 재임 기간에 만든 일련의 법 조항을 말한다. 이 법은 당시 로마를 망치는 수많은 범죄들을 바로잡는 역할을 했기 때문에 로마법에서 중요한 위치를 차지했다. 그중에서도 속주 총독들의 범죄에 대한 '공금 횡령에 관한 처벌법(Lex de Repetundis)'이 가장 중요했다. 이 법에 따라 총독은 회계 장부를 두 곳에 동시에 보관해야 했다. 하나는 속주에 남겨 놓아 언제든 감찰할 수 있게 했고, 또 하나는 로마로 보내야 했다.

제1부 로마의 탄생

제2부 로마 공화정의 발전

제3부 포에니 전쟁

제4부 공화정의 위기와 몰락

제5부 카이사르의 시대

제6부 로마 제국의 탄생

제7부 로마와 제국의 황혼

카이사르는 집정관 임기가 거의 끝날 즈음, 원로원으로부터 5년 임기로 갈리아 지방의 총독으로 임명받았다. 그런데 로마를 떠나기 전 마무리하지 못한 일들을 믿을 만한 사람에게 맡겨야 했다. 이듬해 그는 집정관 선거에서 믿음직한 동료인 피소와 가비니우스의 당선을 도왔다.

하지만 카이사르는 다른 위험한 두 인물도 로마에 두고 떠나야 했다. 한 명은 카이사르를 몹시 증오하는 귀족 중의 귀족 카토였고, 또 한 명은 원로원의 우두머리가 되고자 하는 키케로였다. 알다시피 원로원은 카이사르를 몰락시키고 싶어 안달 난 집단이었다. 그런데 때마침 카토와 키케로의 힘을 일시적으로나마 약화시키는 사건이 일어났다.

클로디우스 풀케르라는 귀족 청년이 있었는데, 그는 방탕한 생활로 악명이 높았다. 한번은 여성들만 참여할 수 있는 보나 데아*를 위한 축제에 클로디우스 풀케르가 여자 옷을 입고 몰래 입장했다가 발각되어 원로원 앞에서 재판을 받게 되었다. 하지만 뇌물을 써서 간신히 무죄로 풀려났다. 한편 클로디우스 풀케르는 자신이 재판정으로 끌려 나오는 데 키케로가 주된 역할을 했다는 사실을 결코 잊지 않았다. 클로디우스 풀케르는 호민관 후보가 되기 위해 평민 가문에 양자로 입적했고, 결국 호민관이 되는 데 성공했다. 그런 다음 민회에서 항소할 기회도 주지 않고 로마 시민을 사형에 처하는 사람은 누

* 전원의 신 파우누스의 아내이며, 다산과 순결을 관장하는 풍요의 여신이다.

구나 로마의 공화정을 뒤흔드는 범죄자로 간주해야 한다는 법안을 제시했다. 이 법안은 무사히 통과되었다. 모든 것이 자신을 공격하기 위한 것임을 눈치 챈 키케로는 즉시 마케도니아로 달아났다. 그의 재산은 몰수되었고 집은 불태워졌다.

오랫동안 이집트에 붙어 있던 키프루스 왕국은 기원전 80년 프톨레마이오스 알렉산더가 죽으면서 로마로 넘겨졌다. 로마 원로원은 이 유산을 곧장 받지 않고 보류하고 있었고, 그 사이에 죽은 왕의 후계자인 키프루스의 프톨레마이오스가 키프루스 섬을 통치했다.

클로디우스 풀케르는 프톨레마이오스가 해적을 지원하고 있다는 사실을 구실 삼아 키프루스 섬을 로마에 합병해야 한다고 민회를 설득했다. 그러고는 카토를 키프루스 섬으로 보내 이 임무를 맡아 시행하도록 했다. 임무를 받아들인 카토는 2년 동안 로마를 비우게 되었다. 임무를 성공적으로 수행하면서 로마의 국고도 두둑이 채웠다.

이렇게 해서 클로디우스 풀케르 덕분에 키케로와 카토가 로마에 남아 있지 않아 카이사르가 없는 동안에도 원로원은 별다른 짓을 꾸밀 수가 없었다.

제5부

카이사르의 시대

카이사르의 갈리아 전쟁

이제 카이사르는 인생에서 몸도 마음도 가장 활기 있고 왕성한 시기가 찾아왔다. 지금까지 전쟁 경험은 비교적 적은 편이었지만 초기에 아시아에서, 최근에는 에스파냐에서 군인으로서의 자질을 충분히 보여 주었다.

로마는 이미 갈리아 지방에도 거점을 확보한 상태였다. 기원전 118년 이후로 갈리아 지방 남쪽의 해안 지역이 로마의 속주가 되었다. 이 속주는 로마가 세운 식민시 '나르보'에서 이름을 따서 '갈리아 나르보넨시스'라고 불렸다. 나머지 갈리아 지방은 오늘날의 프랑스 전체와 스위스, 네덜란드, 벨기에 일부가 포함되어 있었다. 이 지방에 거주하는 사람들은 대부분 켈트족이었고, 소수의 게르만족이 라인 강을 건너 북부 지역에 정착해 있었다. 남서부 지역에는 아퀴타니족이 살았다.

갈리아인들은 로마인들과 접촉하면서 다소 문명화되었지만,

초기 로마인들처럼 여전히 부족 사회에 머물러 있었다. 갈리아 지방에는 50여 개의 부족이 존재했는데, 파벌에 따라 나뉘어져 있었을 뿐 아니라 서로 적대적이었다. 파벌이 친로마파와 반로마파로 갈라져 언제든 다툼이 일어나기 쉬웠다. 이들 중 대표적인 두 부족이 아이두이족과 세쿠아니족이다. 아이두이족은 로마의 보호 아래 있었고, 세쿠아니족은 로마의 지배를 견디지 못하고 아리오비스투스가 이끄는 게르만족과 손을 잡았다. 그러나 이 게르

가이우스 율리우스 카이사르

만족은 아이두이족을 정복하고 인질로 삼으면서 우위를 점하게 되었다.

지금의 스위스 지방에는 헬베티족이 살았다. 헬베티족은 인구가 늘어나면서 거주하는 지역이 비좁아 갈리아 지방으로 이주하기 시작했다. 헬베티족과 경계를 이루는 지역에 살던 세쿠아니족은 그들이 아이두이족 땅을 빼앗으러 갈 수 있도록 길을 터 주었다.

이와 같은 상황이 벌어지고 있을 때 카이사르가 갈리

아 지방에 도착했던 것이다. 엄청난 수(36만 8,000명)의 이주민
이 갈리아 지방으로 이동하고 있었기 때문에 카이사르는 로마
의 속주인 '갈리아 나르보넨시스'도 안전하지 않다고 판단했
고, 그래서 헬베티족을 막기로 결심했다. 비브락테에서 로마군
과 헬베티족은 정오부터 밤늦게까지 전투를 벌였다. 결국 헬베
티족은 무수한 사상자를 내며 패배하고 말았다. 살아남은 사람
이 전체의 3분의 1 정도 되었는데, 카아사르는 이들을 전멸시키
지 않고 스위스 지역으로 돌려보냈다.

　카이사르는 이제 라인 강 서쪽에 정착한 게르만족에게 눈을
돌렸다. 몇 번의 교섭을 시도해 보았지만 족장 아리오비스투스
는 불신을 드러냈고, 결국 양측 군대는 맞붙는 상황까지 갔다.
게르만족은 용맹하긴 했지만 기계처럼 훈련된 로마군에게는
적수가 되지 못했다. 게르만족은 소수만 살아서 빠져나갔는데,
개중에는 족장 아리오비스투스도 있었다.

　그해의 군사 활동은 여기서 끝나고 로마군은 카이사르의 부
관인 라비에누스의 지휘 아래 동계 야영지로 거처를 옮겼다. 카
이사르 본인은 갈리아 키살피나(알프스 이남의 갈리아)로 가서 밀
린 행정 업무를 처리하고, 로마에 있는 동료들과 소식도 주고받
았다.

벨가이족과의 전쟁

　카이사르가 갈리아 키살피나에 머물러 있을 때, 부관 라비에

누스로부터 벨가이족이 로마와 싸우기 위해 동맹을 조직하고 있다는 소식을 전해 들었다. 벨가이족은 갈리아 지방의 동북 지역을 차지하면서, 레미족, 벨로바키족, 수에시오네스족, 네르비이족 등 여러 부족을 아우르고 있었다. 그중 네르비이족은 가장 사납고 야만적인 부족이었다.

카이사르는 새롭게 2개의 군단을 추가해 총 8개의 군단을 조직하고, 봄이 오자마자 벨가이족을 향해 진군했다. 갈리아의 중부 지역에 살던 레미족은 카이사르의 갑작스러운 출현에 놀라 곧바로 로마에 항복했다. 카이사르는 레미족으로부터 벨가이족이 약 30만 명의 병력을 모을 수 있다는 정보를 전해 들었다.

로마군은 능숙한 전략과 날카로운 공격으로 수에시오네스족을 궤멸시켰다. 벨로바키족도 무장을 해제하고 로마에 굴복했지만, 가장 사나운 네르비이족만큼은 무기를 내려놓지 않았다. 어느 날 사비스 강 유역에 6개의 로마 군단이 진을 치고 있었다. 그 사이 네르비이족이 강 건너편 숲속에 매복해 있다가 갑자기 쳐들어왔다. 로마군은 아무런 준비도 되어 있지 않은 상태였다. 적군이 삽시간에 침입하는 바람에 투구와 방패도 챙기지 못했고, 부대가 정렬할 마땅한 장소도 찾지 못했다. 대혼란 속에서 로마 병사들은 급기야 공황 상태에 빠지고 말았다. 이때 로마 병사들 사이에 카이사르가 뛰어 들어왔다. 로마군은 카이사르의 모습을 보고서 그제야 안심하고 용기를 얻을 수 있었다. 곧 상황은 역전되어 로마군의 승리가 확실시되었다. 하지만 네르비이족은 카이사르도 감탄할 정도로 최후의 순간까지 용감히 싸웠다.

네르비이족은 6만 명 중에 겨우 500명만 살아남았다. 카이사르는 여자와 어린아이는 배려해 원래 살던 지역에서 지내도록 허락해 주었다. 전투에서 네르비이족을 도왔던 아두아투키족 역시 카이사르에게 패해 노예로 팔려 갔다.

기원전 57년, 이렇게 벨가이족과의 전쟁이 종결되었다. 로마군은 전쟁이 벌어졌던 곳 근처의 동계 야영지에서 머물렀고, 카이사르는 이탈리아로 갔다. 이탈리아에서는 카이사르의 승리를 기념하며 50일 동안 축제가 이어졌다.

게르마니아 침공

갈리아 지방의 북서쪽 지역에 있던 모든 부족은 카이사르의 부관인 푸블리우스 리키니우스 크라수스*에게 넘어갔다. 단 베네티족은 끝까지 남아서 저항했을 뿐 아니라 다른 부족에게도 자기네와 합류할 것을 권했다. 심지어 크라수스가 보낸 로마의 장군들을 사로잡기도 했다. 갈리아 지방에 파견된 지 3년이된 로마군은 이제 베네티족을 집중 공략했다. 베네티족은 대부분 선원이거나 어부였고, 바다로 뻗은 곳 끄트머리에 마을을 세워 놓아 방어하기가 쉬웠다. 하지만 로마군은 하루 종일 해전을 벌인 끝에 베네티족의 배를 모조리 침수시켰다. 베네티족의 지

도자들은 로마 장군들을 사로잡은 죄로 사형에 처해졌고, 나머지 사람들은 노예로 팔려 갔다.

　로마군은 기원전 56년에서 55년으로 넘어가는 겨울을 갈리아 지방 북쪽의 아울레르키족과 이웃 부족의 마을에서 보냈다.

　이번 겨울에 또 다른 게르만족이 라인 강을 건너 갈리아 지방으로 들어왔다. 그들도 강력한 수에비족에 밀려 고향에서 쫓겨난 것이었다. 기원전 55년 봄 카이사르는 군대를 모아 게르만족 진영 12마일 이내까지 나아갔고, 24시간 내에 그 지역을 떠나라고 경고했다. 하지만 24시간이 지나기 전에 게르만족은 오히려 카이사르 진영을 공격했다. 로마군도 이에 맞서 싸워 게르만족 군사 대부

* 제1차 삼두 정치의 주역 중 하나인 마르쿠스 리키니우스 크라수스의 아들이다.

다리를 만들어 라인 강을 건너는 카이사르 부대

분을 죽었다.

그 다음으로 카이사르는 라인 강을 건너 게르마니아 지방으로 들어가기로 결심했다. 로마군이 라인 강을 넘었다는 것만으로도 게르만족들이 벌벌 떨 것이라고 생각했다. 카이사르는 라인 강에 다리를 만들어 건너가 게르마니아 지방에 18일을 머물렀다. 목적을 달성했다고 생각한 카이사르는 다시 갈리아 지방으로 돌아왔고 다리는 곧바로 철거해 버렸다.

브리타니아 침공

기원전 55년 8월에 카이사르는 도버 해협을 건너 브리타니아(지금의 영국)로 들어갔다. 로마군이 브리타니아에 상륙했을 때 원주민의 저항은 거의 없었다. 카이사르는 단기간에 브리타니아를 순회하고 9월에 다시 갈리아 지방으로 돌아왔다. 로마군은 벨가이족 땅에서 그해 겨울을 보냈고 카이사르는 갈리아 키살피나로 향했다.

겨울 내내 카이사르는 거대한 함대를 조직해 이듬해 브리타니아로 다시 쳐들어갈 생각이었다. 모든 준비가 완료되자 이듬해인 기원전 54년 7월 20일 카이사르는 항해를 시작했고 바로 그 다음날 브리타니아에 도착했다. 그는 카시벨라누스가 이끄는 브리튼족을 무찔러 로마에 경의를 표하고 항복하게 만들었다. 수천 명의 포로들이 생겨났는데, 이들은 모두 이탈리아에 노예로 팔려 갔다.

갈리아인과의 마지막 전투

　기원전 54년에서 53년으로 넘어가는 겨울, 로마군은 여러 무리로 나누어져 각 부족 마을에 머물렀다. 에부로네스족의 영토에서 머문 부대는 부관인 가비누스와 코타의 지휘를 받았다. 그런데 에부로네스족이 봉기했다는 소식이 야영지에 들려왔다. 로마군은 야영지에서 철수해 가능하면 동료들이 있는 가장 가까운 야영지로 가려고 했다. 하지만 행군 과정에서 대부분 살해당하고 말았다. 몇몇 살아남은 병사들은 레미족 마을에서 겨울을 보내던 부관 라비에누스에게 이 소식을 전했다.

　네르비이족도 소식을 듣자마자 자기 마을에서 겨울을 나던 부관 퀸투스 키케로를 공격했다. 갈리아 키살피나에 머물던 카이사르도 소식을 전해 들었다. 카이사르는 서둘러 키케로를 지원하여 봉기한 네르비이족을 전멸시키다시피 했다.

　기원전 53년 카이사르는 겨울에 일으킨 폭동에 대해 에부로네스족을 처벌했다. 에부로네스족은 완전히 몰살되었지만, 우두머리 암비오릭스는 도망친 뒤로 잡히지 않았다. 그해 여름에 카이사르는 다시 라인 강을 건넜다. 여름이 끝날 무렵 갈리아인들이 완전히 진압되었다고 생각한 카이사르는 갈리아 키살피나로 돌아왔다. 하지만 실수였다. 갈리아인들의 애족심은 아직 소멸되지 않았다. 각 부족의 족장들은 비밀리에 서로 연락을 취하고 있었다. 그들은 한날한시에 들고일어났다. 리게르 강 근처 게나붐에 거주하는 로마인들이 갈리아인들에게 대량으로 학살 당했다. 갈리아인들의 마지막 투쟁을 이끈 인물은 아베르니족 의 족장 베르킨게토릭스였다.

카이사르는 서둘러 알프스산맥을 건넜다. 갈리아 남동부의 세벤산맥은 눈이 많이 쌓여 넘기가 쉽지 않았다. 카이사르는 군 대를 모은 뒤 게나붐으로 진군했다. 게나붐은 삽시간에 쑥대밭 이 되어 불길에 휩싸였다.

베르킨게토릭스가 보기에 로마군과의 전면전은 위험했다. 그

갈리아의 지도자 베르킨게토릭스

는 비투리게스족의 모든 마을을 불태워 카이사르 군대의 공급원 을 끊고자 했다. 아바리쿰은 남겨 두어 자신들의 물자를 모두 옮겨 놓고 철저하게 요새화시켰다. 카 이사르는 아바리쿰으로 말머리 를 돌렸다. 그곳에서 포위 공격에 성공한 뒤 성 안에 있던 갈리아인 들을 모조리 죽였다. 그중 800명 정도만 간신히 빠져나와 베르킨 게토릭스의 진영으로 달아났다. 카이사르는 대량의 곡식을 손에 넣어 병사들을 충분히 먹일 수 있 었다.

다시 카이사르는 아베르니족

의 수도인 게르고비아로 향했다. 도시가 높고 험준한 곳에 위치해 있어 공격하기가 만만치 않았다. 그런데 느닷없이 로마군 일부가 명령과는 상관없이 공격을 시도했다. 불행히도 이 전투는 로마군에 비참한 결과를 가져왔다. 갈리아 지방에서 카이사르가 당한 유일한 패배이기도 했다. 46명의 장교와 약 700명의 병사가 희생되었고, 포위 공격은 해제되었다. 갈리아인들이 있는 힘을 다해 성을 지키는 바람에 더 이상 공격할 수가 없었다. 카이사르는 퇴각해 아겐디쿰에서 부관 라비에누스와 합류한 뒤 모든 부대를 이끌고 갈리아 나르보넨시스로 향했다.

카이사르 부대가 행군하는 길목에 알레시아라는 갈리아인의 도시가 있었다. 베르킨게토릭스는 8,000명의 병력으로 그 도시를 단단히 지키고 있었다. 알레시아 역시 게르고비아처럼 고지에 위치한 난공불락의 요새였다. 기원전 52년 카이사르는 알레시아를 포위했다. 베르킨게토릭스는 여기저기 갈리아인들에게 도움을 요청했다. 요새를 에워싸고 있던 카이사르 군대는 사방에서 베르킨게토릭스를 지원하러 온 엄청난 수의 갈리아 부대에 에워싸였다. 카이사르는 모든 기술과 지략을 발휘했고, 갈리아 부대는 이런 카이사르를 압도할 수가 없었다. 로마군의 수보다 5배나 많은 갈리아 연합 부대였지만 결국 카이사르의 전략에 말려들어 항전에 실패했다.

모든 게 이미 끝났다는 사실을 깨달은 베르킨게토릭스는 부족장들을 모아 로마에 항복할 것을 권했다. 결국

카이사르 앞에 무기를 버리며 항복하는 베르킨게토릭스(리오넬 로예르 作)

베르킨게토릭스는 카이사르에게 항복의 뜻을 전했다. 카이사르는 조건 없는 항복을 요구했고 전쟁은 그렇게 종결되었다. 수많은 포로들이 노예로 팔려 갔으며 전리품은 병사들에게 분배되었다. 베르킨게토릭스는 로마에서 개선식을 거행할 때 로마 시민에게 공개되었고, 그 후 지하 감옥에서 쓸쓸한 죽음을 맞이했다.

알레시아가 함락되면서 갈리아 지방의 정복 활동은 사실상 완결되었다. 이듬해인 기원전 51년 카이사르는 갈리아의 여러 족장들에게 특권을 부여했다. 지도층에게는 선거권을 부여하

거나 원로원이 될 자격을 주었다. 갈리아의 로마화가 시
작된 것이다. 또 갈리아와 벨기카 두 개의 속주가 만들
어졌다. 이 중 갈리아는 나중에 루그두넨시스와 아퀴타
니아로 분할되었다. 갈리아에 로마의 화폐가 도입되었
고 라틴어가 공용어로 사용되었다.

클로디우스와 밀로의 씨움

기원전 59년부터 기원전 50년까지 카이사르가 갈리아 지방에서 정복 활동을 하는 동안, 로마 내부는 극도로 혼란스러워졌다. 로마 공화국에는 유혈 사태를 멈추고 개인의 신체와 재산을 안전하게 지켜 줄 강력한 지도자가 필요했다. 폼페이우스는 강력하게 정책을 추진하려 했지만 실패했다. 로마는 두 개의 당파로 나뉘어 극렬하게 대립했다. 한 당파는 클로디우스 풀케르가, 다른 당파는 밀로가 이끌었다.

클로디우스는 이 비상한 시국에 보기 드문 인물이었다. 그는 아무런 개성이 없었다. 연설 말고는 뛰어난 재능도 없었다. 특별한 정책을 갖고 있는 것도 아니었다. 자기에게 이익을 준다면 어떤 사람이든 어떤 조직이든 다 받아들일 준비가 되어 있었다. 이런 사람이 무려 5년 동안 로마의 지도자가 되었다. 집정관을 인신공격하고 호민관을 통제했으며 무장한 노예 패거리와 거리 행진을 하고 자기 뜻에 따르지 않는 사람들을 무차별 살해했다. 이처럼 뻔뻔한 짓을 저지르고 다녀도, 그에게 포섭된 원로원은 방패막이 역할을 해 주었다.

밀로도 클로디우스만큼이나 평판이 좋지 않았다. 그는 주로 검투사 훈련 학교에서 명성을 얻었다. 무장한 노예 집단이 언제나 그와 동행했고, 늘 클로디우스의 무장 세력과 충돌이 일어났다.

기원전 57년에 선출된 집정관들은 키케로에게 우호적이었다. 그들은 키케로에게 고국으로 돌아올 것을 요구했다. 클로디우스 일파는 키케로의 소환을 반대했다. 하지만 밀로가 이끄는 노블리스들은 키케로의 소환을 강하게 밀어붙였다. 날마다 두 당파 사이에 피비린내 나는 싸움이 이어졌다. 폭력 소동은 장장 7개월간 지속되었고, 결국 밀로파가 우위를 차지했다. 밀로는 민회를 소집하고 키케로의 소환을 표결에 부쳤다.

키케로는 자신의 불운을 통탄해하며 1년 5개월간 그리스에 머물러 있었다. 그는 기원전 57년 8월 5일에 브룬디시움에 상륙해 로마로 향했다. 키케로와 원수진 사람들을 제외한 모든 주요 인사들이 성 밖까지 그를 맞으러 나왔다. 원로원은 투표를 통해 키케로의 재산을 회복시키고 국비로 팔라티노 언덕에 저택을 다시 지어 주기로 결정했다. 하지만 클로디우스는 무리를 이끌고 팔라티노 언덕에 집을 짓는 인부들을 쫓아내고 벽을 다시 허

아피아 가도

물었다. 키케로 자신도 클로디우스 무리에게 거의 맞아 죽을 뻔
했다.

클로디우스는 심지어 밀로의 집까지 불태우려고 했다. 클로
디우스와 밀로 이 두 패거리의 싸움은 밀로가 집정관 후보에,
클로디우스가 법무관 후보에 올랐을 때 끝이 났다. 기원전 52년
1월 20일 두 패거리는 보빌라이의 '아피아 가도(Via Appia)'*에
서 우연히 마주쳤고, 서로 싸우는 과정에서 결국 클로디우스가
죽고 말았다. 이 사건으로 폼페이우스는 단독으로 집정관 자리
에 올랐고, 밀로는 탄핵되어 마실리아로 추방당했다.

기원전 57년과 56년 사이에 카이사르는 라벤나와 루카에서

폼페이우스, 크라수스와 만나 회담을 열었다. 회담 결과 카이사르는 갈리아 지방을 통치하고 폼페이우스는 에스파냐 지방, 크라수스는 시리아 지방을 맡기로 했다.

크라수스는 파르티아 왕국과 전쟁을 벌였다. 그는 카이사르 밑에서 갈리아 정복 활동을 잘 완수했던 아들 소(小) 크라수스를 동행시켰다. 크라수스 부대는 유프라테스 강 근처에 있는 시리아의 도시 제우그마에 도착했다. 7개 군단과 4,000명의 기병대로 이루어진 로마군은 강을 따라 진을 쳤다. 유능한 재무관 카시우스는 크라수스에게 적의 기병에 포위당하지 않도록 강을 따라 셀레우키아까지 가자고 제안했다. 하지만 어느 아랍 족장에게 현혹된 크라수스는 엉뚱하게도 카르하이 근처의 사막으로 갔다.

파르티아의 군대는 여러 부대로 나뉘어 로마군을 기습 공격했다. 소(小) 크라수스는 1,500명의 기병을 이끌고 다시 파르티아군을 공격했다. 파르티아군은 퇴각하는 듯했으나 미리 매복해 있던 병사들이 공격하는 바람에 소(小) 크라수스는 목숨을 잃고 말았다. 파르티아군은 아들 크라수스의 머리를 창끝에 꽂고 아버지 크라수스가 보는 앞에서 불태워 버렸다. 충격과 절망에 휩싸인 크라수스는 부관 카시우스에게 지휘권을 넘겨주고 물러났다. 카시우스는 로마군에 퇴각을 명령했다. 파르티아군은 쉴 새 없이 로마군을 공격했고, 결국 아버지 크라수스도 죽고 말았다(B.C. 53).

* 로마의 도로 가운데 가장 오래되고 중요한 도로이다. 로마에서 캄파니아 지방의 카푸아를 거쳐 이탈리아 남부의 브룬디시움까지 뻗어 있다. 기원전 312년에 감찰관 아피우스 클라우디우스 카이쿠스가 건설하기 시작해 기원전 244년경에 완성되었다.

이 끔찍한 전쟁으로 전사한 로마 병사만 해도 2만 명이 넘었다. 또 병사 1만 명은 포로로 잡혔다가 파르티아군의 노예로 끌려갔다.

크라수스가 죽으면서 제1차 삼두 정치도 막을 내렸다. 기원전 54년에는 카이사르의 딸이자 폼페이우스의 아내인 율리아가 죽으면서 카이사르와 폼페이우스 사이의 연도 끊어지고 말았다. 폼페이우스는 소(小) 크라수스의 미망인이자 메텔루스 스키피오의 딸인 크라수스와 결혼했다.

파르살루스 전투

기원전 52년 2월 폼페이우스는 단독으로 집정관에 선출되었다. 집정관이 되자마자 폼페이우스는 카이사르와의 가식적인 동맹 관계를 내던져 버리고, 원로원과 귀족의 이익을 대변하는 쪽으로 돌아섰다.

카이사르가 갈리아 지방에서 이룬 놀라운 업적은 로마 시민들의 마음에 깊은 인상을 남겼다. 여전히 시민들에게 북방의 야만족은 이름만 들어도 무서운 존재였기 때문이다. 카이사르는 이번 원정을 통해 스키피오, 술라, 폼페이우스를 능가하는 군인으로 자리매김했다. 카이사르에 대한 다음과 같은 기록도 남아 있다. '그는 에스파냐 지방보다 더 큰 지역을 손에 넣고 돌아왔는데, 단순히 야만족을 진압한 정도가 아니라 로마의 편으로 만들어 놓았다. 호전적인 도시조차 카이사르에게 군대

를 갖다 바칠 정도였다.' 귀족들은 카이사르의 업적을 질투어
린 눈으로 지켜보았다. 원로원은 울며 겨자 먹기로 시민들이 20
일간 감사제를 올릴 수 있도록 인정해 주어야 했다. 시민들은
이것도 모자라 자발적으로 60일간 감사제를 연장했다.

카이사르는 로마에서 두 번째로 집정관이 되고 싶다는 뜻을
분명히 밝혔다. 하지만 먼저 로마에서 개선식을 하길 원했고,
그 때문에 군대를 해산시키지 않았다. 관례에 따르면 군대 없이
는 개선식을 할 수 없었기 때문이다. 또 다른 관례에 따르면 집
정관 후보에 오르려면 군 지휘권을 내려놓아야 했다. 하지만 카
이사르는 이 관례에 상관없이 속주에서 군대를 지휘하면서 집
정관 후보가 될 수 있게 해 달라고 원로원에 요청했다.

로마에는 카이사르의 적들이 우글거리고 있었다. 카이사르가
개인 자격으로 로마에 입성한다면 전혀 안전을 보장받지 못했
다. 그러나 집정관이 되어 로마로 들어간다면 모든 정무관은 신
성하게 여겨져야 한다는 원칙에 따라 보호를 받을 수 있었다.

한편 원로원은 카이사르의 요청을 들어주면 그에게 권력이
집중되는 기간이 길어진다고 생각했다. 원로원은 우선 카이사
르의 권력을 약화시키고 원로원의 대변자 폼페이우스에게 이
탈리아에 있는 군사력을 제공해 주려고 했다. 그래서 카이사르
에게 한 군단을 폼페이우스에게 넘기고 또 다른 군단은 이탈리
아로 돌려보내라고 지시했다. 명목상으로는 소아시아에서 파
르티아인과 맞서 싸울 병력을 보충한다는 취지였지만, 실제로
는 카이사르가 보낸 부대가 캄파니아 지방에서 폼페이우스의
지휘를 받게 되었다. 기원전 49년에는 두 집정관 모두 카이사르

에게 적대적인 사람이 선출되었다. 카이사르는 이탈리아와 경계 지역에 있는 라벤나라는 도시를 동계 야영지로 정했다. 여기서 카이사르는 전령을 통해 원로원에 편지를 보냈다. 폼페이우스가 군 지휘권을 내려놓으면 자신도 사임할 준비가 되어 있다는 내용이었다. 전령은 기원전 49년 1월 1일에 로마에 도착했는데, 그날은 이미 새로운 집정관들의 임기가 시작되는 날이었다.

카이사르의 편지를 읽은 원로원 의원들은 열띤 토론을 벌였고, 그 결과 카이사르만 지휘관에서 사임해야 한다고 결론을 내렸다. 호민관들은 이에 반대했지만 집정관들의 협박에 어쩔 수 없이 로마를 떠나 카이사르가 있는 라벤나로 곧장 올라갔다.

원로원의 결정을 보고받은 카이사르는 병사들을 한자리에 모아 놓고 다음과 같이 말했다. "9년 동안 나와 여러분은 나라를 위해 충성을 다해 싸웠고, 어느 정도 성공을 이루었다. 우리는 라인 강을 건너 게르만족을 몰아냈으며, 갈리아 지방을 로마의 속주로 만들었다. 그런데 원로원이 보여 준 것은 고작 나의 뜻을 전하는 호민관을 무시하며 법질서를 파괴하는 것이었다. 이제 나는 위기에 처한 이탈리아를 구하려 한다. 누가 나와 함께 정의를 실현하겠는가!"

가슴이 뜨겁게 타오른 병사들은 아무 보수도 받지 않고 자신의 지도자를 따르기로 했다. 여기저기서 기부금도 쏟아져 들어왔다. 그런데 카이사르의 심복이던 라비

루비콘 강을 건너는 카이사르(아돌프 이본 作)

에누스는 예상과 전혀 다른 행보를 보였다. 카이사르 진영에서 몰래 빠져나와 폼페이우스 진영에 합류한 것이다. 카이사르는 자신의 부대 중 두 군단을 이끌고 알프스산맥을 넘었다. 그는 루비콘 강*을 건너서 이탈리아로 들어온 뒤 아리미눔으로 말머리를 향했다.

카이사르의 진군 소식이 로마에도 전해졌다. 깜짝 놀란 집정관, 법무관, 원로원 패거리들은 아내와 자식과 재산 따위는 운명에 맡기고, 자기 한 몸 살자고 카푸아에 있는 폼페이우스에게

몸을 피했다. 심지어 국고에 있는 돈도 꺼내 가지 않을
정도로 정신없이 내빼기 바빴다.

카이사르는 아리미눔에서 행군을 멈추고는 원로원에
사절단을 보내 여전히 평화를 원한다고 전했다. 만일 폼
페이우스가 자기 속주인 에스파냐 지방으로 떠난다면
카이사르 자신도 군대를 해산할 것이라고 약속했다. 게
다가 폼페이우스와 직접 대면해 이야기할 의사도 있다
고 전했다. 원로원 의원들은 로마를 떠난 뒤에 이 전갈
을 전해 받았다. 이에 원로원은 폼페이우스가 카이사르
와 직접 대면할 의사는 없지만, 에스파냐로 갈 생각은
있다고 전했다. 대신 카이사르도 아리미눔을 떠나 갈리
아 속주로 돌아가야 하고 군대도 해산해야 한다는 조건
을 내걸었다.

카이사르는 원로원이 제시한 조건이 불공평하다고 여
겨 받아들이지 않았다. 그리고 자기 부관인 마르쿠스 안
토니우스를 로마로 가는 길에 있는 아레티움으로 보냈
다. 카이사르 본인은 폼페이우스를 압박하기 위해 안코
나로 밀고 들어갔다. 카이사르가 지나가는 도시들은 모
두 성문을 활짝 열었고 도시의 수비대가 카이사르 부대
에 합류했다. 행군을 할수록 카이사르의 부대는 점점 불
어나 코르피니움에 도착했을 때는 그 수가 무려 3만 명
이나 되었다.

코르피니움은 도미티우스와 일부 귀족들이 차지하고
있었다. 카이사르가 코르피니움을 포위하자, 도미티우

* 카이사르는 루비콘
강을 건너며 "주사위
는 이미 던져졌다."
라는 유명한 말을 남
겼다. 돌이키기 힘든
중대한 선택의 순간
을 비유하는 말로 자
주 쓰인다.

스는 몰래 도시를 빠져나가려다 사로잡혀 카이사르 앞에 끌려
갔다. 코르피니움이 함락되고 수비대도 모두 도망갔다는 소식
을 들은 폼페이우스와 그의 추종자들은 절망에 빠졌다. 그들은
서둘러 항구 도시 브룬디시움으로 내달렸다. 그곳에는 그들을
태우고 이탈리아를 떠날 배가 준비되어 있었다.

　폼페이우스가 도망가는 것을 막고 싶었던 카이사르는 브룬디
시움을 향해 전속력으로 달려갔다. 항구에 도착했을 무렵, 이미

집정관들과 군사 절반이 떠나고
없었다. 하지만 폼페이우스는 아
직 도시에 남아 배를 기다리는 중
이었다. 폼페이우스는 카이사르와
의 대면을 거절했다. 카이사르는
항구를 봉쇄했지만 완벽하게 막지
는 못했다. 폼페이우스는 카이사
르 부대의 저지선을 뚫고 그리스
로 달아났다. 폼페이우스와 함께
집정관들, 절반 이상의 원로원 의
원, 기타 귀족들이 동행했다. 폼페
이우스가 해안의 모든 배를 끌고
가는 바람에, 함대가 준비되어 있
지 않은 카이사르는 더 이상 뒤를
쫓을 수 없었다.

　카이사르는 고국으로 돌아온 지

로마의 일인자가 된 가이우스 율리우스 카이사르

60일 만에 로마의 일인자가 되었다. 로마로 향하는 길에 키케로를 만나 원로원에 참석해 주기를 부탁했지만 키케로는 참석하지 않는 것이 좋겠다고 답했다. 카이사르는 주인 없는 로마에 입성했고 집정관 마르쿠스 안토니우스와 카시우스 롱기누스를 통해 원로원 회의를 개최했다. 원로원 의원 대부분이 폼페이우스를 따라갔기 때문에 참석 인원은 적었다. 원로원 회의에서 카이사르는 자신의 관용과 양보, 원로원의 부당한 요구와 집정관에 대한 폭력적 억압에 관해 연설했다.

카이사르는 여전히 폼페이우스에게 사절단을 보낼 마음이 있었지만, 누구도 기꺼이 사절단으로 나서지 않았다. 사흘 뒤 결국 카이사르가 직접 나서기로 했다. 카이사르는 포고령을 발표해 술라에게 희생된 사람들의 자녀에게 권리와 재산을 회복시켜 주었다. 민회는 투표를 통해 에스파냐로 원정을 떠나는 카이사르에게 국고에 있던 돈을 필요한 만큼 주도록 했다. 채비를 마친 카이사르는 갈리아 지방에 남아 있던 자기 부대와 합류해 에스파냐로 향했다.

카이사르에게는 풀어야 할 숙제들이 많았다. 에스파냐는 현재 폼페이우스의 부관인 아프라니우스, 페트레이우스, 바로의 손아귀에 있었다. 이들 휘하에는 6개의 군단과 동맹시 부대가 있었다. 시칠리아 섬과 사르디니아 섬은 로마의 중요한 식량 공급원이었다. 카이사르는 시칠리아 섬에 쿠리오를, 사르디니아 섬에 발레리우스를 파견했다. 시칠리아 섬을 맡고 있던 카토는 즉시 섬을 버리고 아프리카로 달아났다. 사르디니아 섬은 카이사르의 부대를 두 팔 벌려 환영했다.

카이사르가 갈리아 지방에 도착하자 마실리사의 거주민들이 들고일어났다. 이들을 선동한 인물은 다름 아닌 코르피니움에서 카이사르가 살려 준 도미티우스였다. 카이사르는 즉시 마실리사를 포위하고는 데키무스 브루투스에게 뒷일을 맡기고 에스파냐 원정길에 올랐다. 카이사르가 에스파냐에 도착해서 보니 카탈로니아 지방(에스파냐 북부)에 있는 일레르다에 아프라니우스와 페트레이우스가 견고히 자리를 잡고 있었다. 카이사르 부대가 집중 공격한 끝에 40일도 채 되지 않아 일레르다는 백기를 들었다. 에스파냐 남부에 있던 바로 역시 두 손 들고 항복했다. 이제 에스파냐 전역도 카이사르의 발밑에 있었다.

에스파냐를 떠나기 전 카이사르는 에스파냐의 주요 인사들과 로마인들을 한 자리에 불러 모았다. 그 자리에서 모든 사람이 카이사르에게 충성을 맹세했다. 카이사르는 가데스에서 타라고나까지 배로 이동했고, 타라고나에서 자기 부대와 만나 마실리사로 행군했다. 마실리사는 카이사르 부대의 공격에 더 이상 버티지 못하고 성문을 열어 항복했다. 카이사르는 이번에도 도미티우스를 살려 주었다.

카이사르는 갈리아 지방에 일부 병력을 남겨둔 채 나머지 병력을 이끌고 로마에 도착했다. 때는 기원전 49년에서 48년으로 넘어가는 겨울이었다. 지금까지는 모든 일이 순조로웠다. 갈리아 지방, 에스파냐 지방, 사르디니아 섬, 시칠리아 섬 그리고 이

탈리아가 모두 그의 손에 들어왔다. 하지만 아드리아 해에서 해군 병력을 모으는 일은 실패했다. 전도유망한 부관 쿠리오도 잃고 말았다. 쿠리오는 카토와 폼페이우스의 추종자들을 추격하다가 아프리카에서 목숨을 잃었다.

카이사르가 로마에서 자리를 비운 사이에, 그의 부관인 아이밀리우스 레피두스가 로마를 지키고, 마르쿠스 안토니우스가 이탈리아를 맡았다. 카이사르가 마실리사에 머물고 있을 때, 로마 시민들은 카이사르를 독재관으로 임명했다. 로마에 재정 위기가 심각했기 때문이다. 특히 내전이 벌어진 이후 채무자들이 기하급수적으로 늘어났다. 카이사르는 로마에 단 열하루 동안 머물렀는데, 이때 모든 부채 현황을 일 년 전 상태로 만들어 놓았고 이자는 모두 면제해 주었다. 이와 같은 조치로 채무자들은 부담을 다소 덜 수 있었다.

카이사르가 루비콘 강을 건넌 이후로 거의 일 년 정도 지났다. 폼페이우스는 브룬디시움에서 도망친 뒤로 에피루스에서 9개월 동안 병력을 모았다. 그는 이곳에서 동방 지역의 왕족들, 로마의 원로원 의원들, 카토와 키케로, 패잔병 아프라니우스, 변절자 라비에누스 등 온갖 세력을 하나로 규합했다. 병력을 총 9개 군단으로 조직했는데, 기병과 보조군까지 합쳐 그 수가 십만 명에 달했다.

카이사르는 기원전 49년 말에 브룬디시움에 도착했

다. 카이사르 부대의 규모는 보병 1만 5,000명에 기병 600명으로 폼페이우스의 부대보다 훨씬 작았다. 그렇지만 산전수전 다 겪은 노련한 고참병 부대였고, 지휘관에 충성을 다하는 군인들이었다.

기원전 48년 1월 4일 카이사르는 브룬디시움에서 출항해 에피루스의 아크로케라우니아 곶에 무사히 상륙했다. 육지에 오르자마자 곧장 폼페이우스 부대의 거점인 디라키움으로 향했다. 카이사르 부대는 근처의 아폴로니아를 점령해 기지로 삼고 압수스 강 왼편 둑에 진을 쳤다.

카이사르는 브룬디시움에 남아 있는 병력을 수송하기 위해 다시 배를 돌려보냈다. 그러나 폼페이우스의 해군이 중간에 공격하는 바람에 많은 병력이 희생되었다. 카이사르는 부관 마르쿠스 안토니우스가 함대를 준비해 나머지 병력을 무사히 데려올 때까지 숨죽여 기다릴 수밖에 없었다. 마침내 안토니우스는 무사히 바다를 건너 육지에 올랐는데, 상륙 지점은 아크로케라우니아 곶에서 100마일이나 떨어져 있었다. 폼페이우스의 병력이 안토니우스와 카이사르 중간에 있었기 때문에 안토니우스가 위치상 대단히 위험했다. 그래서 카이사르는 폼페이우스의 눈에 띄지 않게 멀리 돌아서 안토니우스와 합류했다.

이제 카이사르도 전쟁을 치를 준비가 되었다. 카이사르는 해안가에 진을 치고 있던 폼페이우스를 육지 쪽에서 포위망을 둘러 봉쇄해 버렸다. 포위 공격은 7월까지 최대한 끌었다.

전쟁이 한창이던 어느 날 카이사르 부대 쪽에서 탈영한 두 병사가 폼페이우스에게 카이사르의 포위망 가운데 가장 약한 부분을 알려 주었다. 폼페이우스는 지체하지 않고 그 지점을 기습 공격했다. 카이사르 부대는 갑작스러운 공격에 놀라 공황 상태에 빠졌다. 심지어 카이사르가 찾아왔지만 좀처럼 진정될 기미가 보이지 않았다. 결국 카이사르의 병사가 1,000명 가까이 죽고 수백 명이 포로로 잡혀갔다.

그러나 아이러니하게도 이 승리가 폼페이우스 자신에게는 파멸의 원인이 되었다. 이번 승리를 과대평가했던 것이다. 폼페이우스의 추종자들은 실제로 전쟁이 종결된 것이나 마찬가지라고 생각했다. 그래서 추가로 적을 공격하지 않는데, 카이사르에게는 오히려 충격에서 회복하는 기회가 되었다.

카이사르는 테살리아 지방으로 퇴각했다. 폼페이우스는 승리를 자신하며 카이사르를 뒤쫓아 왔다. 폼페이우스 진영의 귀족들은 벌써부터 전쟁의 전리품을 차지하려고 다투고 있었다. 카토와 키케로는 에피루스에 남았는데, 카토는 귀족들의 타락한 행태를 보며 혐오감을 느꼈다. 키케로는 건강이 좋지 않아 거동이 불편했다.

카이사르 부대와 폼페이우스 부대는 에니페우스 강 근처 평원에서 마주 보고 진을 쳤다. 서로 간의 거리가 4마일밖에 되지 않았고, 두 진영 사이에 파르살루스 산이라는 낮은 산이 있었다. 이곳에서 벌어진 전투가 바로 '파르살루스 전투'이다.

양 진영은 결정적인 행동 없이 며칠간 서로를 감시만

하고 있었다. 그러던 중 기원전 48년 8월 9일 아침, 카이사르는 폼페이우스 진영에서 공격할 조짐을 눈치 챘다.

폼페이우스의 진영을 보면, 오른쪽 날개는 에니페우스 강을 끼고 있고, 왼쪽 날개는 평원 쪽으로 뻗어 있었다. 폼페이우스 자신은 왼쪽의 두 군단을 지휘했다. 평원 쪽 바깥에는 기병대가 배치되어 있었다. 폼페이우스 바로 맞은편에는 카이사르가 '제10군단'*을 이끌고 있었다. 카이사르 진영의 왼편과 중앙은 각각 그의 충성스러운 부하인 마르쿠스 안토니우스와 카시우스 롱기누스가 맡았다.

폼페이우스를 배신하는 운명(프랑수아 파스칼 시몽 제라드 作)

신호가 떨어지자 카이사르 부대의 맨 앞줄이 화살을 쏘고 창을 던지며 돌격했다. 이때 폼페이우스의 기병대는 적의 오른쪽 날개에 포진된 기병대를 측면에서 공격했다. 수적으로 열세인 카이사르의 기병대는 공격을 받고 뒤로 물러났다. 바로 그 순간 고참병으로 이루어진 제4열이 모습을 드러냈다. 제4열의 치열한 공격에 폼페이우스 부대는 갈팡질

팡하더니 결국 등을 보이며 달아났다. 제4열이 이번에는 폼페이우스가 지휘하는 왼쪽 날개를 집중 공격했다. 카이사르의 옛 병사들로 이루어진 폼페이우스의 왼쪽 날개는 예전의 전우들과 맞서 싸우는 것이 영 마음에 내키지 않았다. 어쨌든 폼페이우스의 왼쪽 날개도 퇴각하고 말았다. 절망에 빠진 폼페이우스는 말을 타고 달아났다. 이렇게 전투는 폼페이우스의 완패로 끝이 났다. 카이사르 부대의 전사자는 200명뿐이었지만, 폼페이우스 쪽에는 무려 1만 5,000명이나 되었다.

폼페이우스 부대의 버려진 진영은 참으로 가관이었다. 고귀하신 귀족들은 점토로 집을 지어 놓고 약한 피부가 햇빛에 노출되지 않게 입구에는 담쟁이 넝쿨을 드리워 놓았다. 집 안에는 휴식을 취하기 위해 긴 침상을 가져다 놓았고 탁자에는 축제에나 어울릴 만한 산해진미와 포도주가 가득했다. 이 광경을 본 카이사르는 이렇게 말했다. "이 사람들이 바로 가난으로 고생하는 나의 병사들을 고발했던 자들이구나!"

카이사르는 여기서 지체할 수 없었다. 일부 병력만 남겨 두고 후퇴하는 적군을 빠르게 뒤쫓았다. 마침내 적군 2만 4,000명이 항복했는데 모두 살려 주었다. 코르피니움과 마실리사에서 마주쳤던 도미티우스는 이번에도 도망치려다가 죽임을 당하고 말았다. 라비에누스와 아프라니우스, 페트레이우스는 밤을 틈타 달아났다. 이렇게 파르살루스 전투도 끝이 났다.

*일명 '카이사르 군단'으로 불리는 무적의 군단이다. 폼페이우스가 적군 가운데 가장 강하다고 인정할 정도였다. 이들은 기원전 61년 율리우스 카이사르가 창설한 날부터 무려 135년간 로마 최고의 군단으로 활약했다.

카이사르의 정복 활동

파르살루스에서 빠져나온 폼페이우스는 지름길로 해안에 도달했다. 함께 도망 온 사람들과 출항 준비가 완료된 배에 올라탔다. 폼페이우스는 미틸리네를 들렀다가, 어린 프톨레마이오스에게 의탁하고자 다시 이집트로 향했다. 하지만 폼페이우스가 이집트에 도착하자 프톨레마이오스는 그를 사로잡아 목을 베었다. 기원전 48년 9월 28일, 폼페이우스는 58세를 일기로 비참하게 생을 마감했다.

폼페이우스는 출중한 인물이었지만 '위대한(great)'이라는 수식어를 붙일 정도는 아니었다. 분명 유능한 군인은 맞지만 최고의 장군이라고 하기에는 무언가 부족했다. 에스파냐와 동방 지역에서 큰 성과를 거두었으나, 사실은 다른 사람들이 이루어 놓은 열매를 거두어들인 것뿐이다. 그는 좋은 정치인이 되기 위

한 재능도 가지고 있지 않았다. 나약하고 결단력이 없었기 때문에 소신 있게 어느 편에 서지 못했다. 그러니 카이사르와 같은 사람과 맞붙었을 때 패배하지 않을 수 없었다. 물론 성품은 올곧아 부패한 시대에도 착취와 같은 부정행위는 생각하지도 않았다.

한편, 불굴의 사나이 카이사르도 폼페이우스를 끝까지 추적하며 이집트로 건너갔다. 이집트에 도착하자 프톨레마이오스가 폼페이우스의 머리를 갖다 바쳤다. 이를 본 카이사르는 눈물이 왈칵 쏟아져 내렸다. 결국 카이사르는 프톨레마이오스와 등을 지고 그와 권력을 다투던 누이 클레오파트라의 편을 들었다.

알렉산드리아 사람들은 폭동을 일으켜 궁궐에 있는 카이사르를 포위했다. 하지만 카이사르는 소수의 군인들과 함께 폭도들의 공격을 막아내고 타고 온 배로 이집트에서 빠져나왔다. 나중에 카이사르는 다시 알렉산드리아로 돌아와 폭도들에게 복수

클레오파트라와 카이사르(장 레옹 제롬 作)

하고 클레오파트라를 왕위에 올렸다. 때는 기원전 47년이었다.

충분히 복수했다고 생각한 카이사르는 이번에는 폰투스로 갔다. 미트라다테스의 아들 파르나케스가 로마에 대한 반란을 선동하고 있었다. 기원전 47년 카이사르는 젤라에서 파르나케스의 군대를 삽시간에 절멸시켰다. 적을 순식간에 제압한 카이사르는 "왔노라, 보았노라, 이겼노라(Veni, vidi, vici)."라는 유명한 말을 남기기도 했다.

카이사르는 재빨리 헬레스폰트 해협을 건너 이탈리아에 상륙했다. 그가 로마를 비운 동안 작은 소란이 일어나기도 했지만, 대다수의 시민들은 카이사르의 편이었다. 이 위대한 천재이자 정복자를 신뢰하지 않는 사람이 거의 없을 정도였다. 기원전 48년 10월 카이사르는 두 번째로 독재관이 되었고, 종신 집정관으로 임명되었다.

기원전 47년 9월 카이사르가 로마에 입성했을 때 그 누구도 막아서지 않았다. 그는 모든 채무는 탕감되어야 하고 개인의 재산권을 인정해 주어야 한다고 주장했다. 카이사르는 짧게 휴식을 취하고 로마로 들어온 지 3개월밖에 안 된 시점에 다시 아프리카로 군대를 수송할 준비를 했다. 군대는 캄파니아 지방에 머물고 있었는데, 이들은 기대한 전리품이나 특혜를 얻지 못해 불만을 품고 반란을 일으켰다. 그들은 보상을 해 주기 전까지는 이동하지 않겠다고 협박했다. 특히 '제10군단'이 선두에서 봉기를 일으켰고, 자신들의 권리를 찾기 위해 로마로 진군했다.

카이사르는 캄푸스 마르티우스에서 그들을 모아 허심탄회하게 불만을 털어놓아 보라고 했다. 군인들은 두말없이 제대를 요

236

청했다. 그러자 카이사르는 다음과 같이 대답했다. "좋다. 제대를 허락한다, 시민 여러분." 지금까지는 카이사르의 명예로운 '전우'였는데, 이제 일개 '시민'이 되어 버렸다. 타협을 기대했던 반란군은 카이사르의 예상치 못한 반응에 놀라 다시 자신들을 받아 달라고 간청했다. 카이사르는 요구를 받아들이고 각 병사들에게 알맞게 토지를 나누어 주었다.

이제 아프리카 지방을 진압할 때가 되었다. 쿠리오가 전투에서 패하고 목숨을 잃은 이후로, 누미디아 왕 유바에게 반항하는 세력이 없었다. 오히려 그의 주변에 폼페이우스의 잔당, 즉 메텔루스 스키피오, 카토, 라비엔누스, 아프라니우스, 페트레이우스, 죽은 두 장군의 아들 섹스투스 폼페이우스와 그나이우스 폼페이우스 등이 몰려들었다.

그들은 우티카를 거점으로 삼았다. 이곳에서 카토는 잡다한 병력을 모아 13개의 군단을 조직했다. 카토의 부대는 시칠리아 섬과 사르디니아 섬, 이탈리아 해안을 급습했다. 카이사르의 부하들도 가리지 않고 죽었다.

폼페이우스파였던 키케로는 카토 부대의 잔악한 행위에 반대했다. 키케로는 이탈리아에 남았는데, 다른 폼페이우스 잔당으로부터 독재관 카이사르에게 아첨하는 배신자라고 비난받았다.

카이사르는 12월 19일 릴리바이움을 떠나 렙티스에

상륙했다. 마우레타니아에서 진지를 구축한 상태에서 어느 정도 병력이 조직될 때까지 기다렸다. 아프리카 속주에 거주하는 많은 로마인들이 카이사르를 찾아왔다. 그들은 메텔루스 스키피오가 카이사르와의 전쟁에 승리하면 유바에게 아프리카를 넘겨주겠다고 약속한 것에 적잖이 분개한 상태였다. 상대편 부대에서 탈영한 병사들도 많이 찾아왔다. 이들은 전략 회의에서 스키피오보다 유바에게 우선권이 있는 것에 화가 나 있었다. 이렇게 상대편 부대는 병력 유출이 심했지만 그래도 우티카에 있는 카토가 계속해서 새로운 병력을 충원시켰다.

무려 3개월간이나 카이사르는 바라던 교전을 치르지 못했다. 스키피오가 파르살루스 전투에서 맛본 쓰라린 경험을 교훈 삼아 철저히 방어하고 있었기 때문이다. 기원전 46년 4월 4일, 드디어 카르타고에서 남동쪽으로 100마일 정도 떨어져 있는 탑수스에서 양군의 전투가 벌어졌다. 누구보다 싸우고 싶은 마음이 간절했던 카이사르의 병사들은 앞뒤 가리지 않고 적진을 향해 돌진했다. 전투가 아니라 대량 학살에 가까웠다. 적군은 장군이고 병사고 할 것 없이 '걸음아 날 살려라' 하며 내빼기 바빴다. 스키피오도 도망치다가 잡혀 죽고 말았다. 유바와 페트레이우스는 함께 달아났지만 이미 길이 막혀 말 그대로 목숨을 걸고 싸워야 했다. 결국 두 사람 모두 전장에서 쓸쓸한 죽음을 맞이했다. 라비에누스와 폼페이우스의 두 아들은 에스파냐로 도망쳤고, 아프라니우스는 붙잡혀 처형당했다. 한편 패전 소식을 접한 카토는 우티카에서 스스로 목숨을 끊었다. 이렇게 카이사르의 아프리카 정복 활동도 마무리되었다.

탑수스 전투

아프리카에서 카이사르가 돌아오자 로마 시민들은 나흘 동안 연이어 개선식을 거행했다. 카이사르는 갈리아 지방 정복, 이집트의 프톨레마이오스 정복, 파르나케스 정복, 유바 정복이라는 네 가지 업적을 쌓았다. 그는 전우들에게 노고를 치하하며 아낌없이 상을 베풀었고, 그의 넉넉한 인심에 병사와 시민들도 기뻐했다. 로마에서는 엄청난 규모의 만찬이 벌어졌다. 2만 2,000개의 탁자가 준비되었고 각 탁자에는 3개의 긴 의자가 놓여 있었다. 의자에는 세 명씩 앉을 수 있었다. 만찬 후에는 시민들이 좋아하는 서커스와 연극 공연, 야수와 검투사의 전투 시합이 이어졌다.

카이사르의 개선식

　로마 시민들은 카이사르에게 아낌없이 명예와 영광을 돌렸
고, 감사제를 40일간 실시하기로 결정했다. 카피톨리네 언덕에
카이사르의 조각상도 세웠다. 어떤 조각상은 카이사르를 반신
반인(半神半人)으로 묘사해 놓았다. 원로원 건물에는 카이사르
를 위해 황금 의자를 설치했다. 카이사르의 이름을 따서 로마력
의 이름도 바꾸었다.[*] 그는 임기 2년의 독재관으로 임명되었다
가, 나중에는 종신 독재관이 되었다. 또 원로원 의원을 임명할
권한을 부여받고 관습과 도덕의 수호자로 여겨졌다. 한 마디
로 로마의 '국왕'이나 마찬가지였다.

가장 주목할 만한 카이사르의 개혁은 '율리우스력'을 채택한 것이었다. 그동안 로마에서 날짜를 세는 방법은 매우 부정확했다. 카이사르는 기존의 달력을 고쳐서 기원전 45년 1월 1일부터 적용했다. 이 개정 작업에 알렉산드리아의 천문학자인 소시게네스를 참여시켰다.

소시게네스가 달력 작업을 하는 동안, 카이사르는 원로원 정화 작업에 착수했다. 직무상 부당 취득 등 비리와 관련된 의원들은 퇴출시키고 공석에는 국가 유공자들로 채웠다.

한편 카이사르는 에스파냐 지방의 현 상황이 만족스럽지 못했다. 파르살루스 전투 이후 카시우스 롱기누스, 트레보니우스, 마르쿠스 아이밀리우스 레피두스가 에스파냐 속주의 행정관으로 부임했지만 서로 의견 충돌이 잦았다. 그러다 보니 밑에 있는 로마의 병사들도 반항하기 일쑤였다. 게다가 에스파냐에 로마의 불만 세력들이 모이기 시작했다. 아프리카에 있던 스키피오 부대의 잔여 세력도 떠돌다가 에스파냐에 정착했다. 그래서 라비에누스와 폼페이우스의 두 아들은 에스파냐에서 군대를 모았는데, 그 수가 탑수스 전투 때 병력만큼 되었다. 그들은 병력을 총 13개의 군단으로 조직했다.

또 한 번의 전쟁이 불가피하다고 생각한 카이사르는 조카 옥타비우스(나중에 아우구스투스가 되는 인물)와 심복인 데키무스 브루투스를 대동해 에스파냐로 향했다. 싸

* 로마력의 다섯 번째 달(카이사르가 태어난 달) 이름을 퀸틸리스에서 율리우스(Julius)로 바꾸었다. 이것이 오늘날 7월(July)의 기원이다.

움이 몇 개월간 질질 끌다가, 기원전 45년 3월 17일 과달키비르 강 근처 문다에서 결정적인 전투가 벌어졌다. 싸움은 치열했고 대부분 단검을 들고 백병전을 치렀다. 전투가 막상막하로 치닫고 있는 사이에 카이사르는 군기(軍旗)를 잡아 휘날리면서 흩어지는 병력을 하나로 모았다. 때마침 적장 라비에누스가 말을 타고 들판을 질주했는데, 그의 부하들은 대장이 달아난다고 착각해 공포에 질린 채 도망가기 시작했다. 결국 적군은 3만 명이나 전사했고 그중에는 라비에누스도 포함되었다. 폼페이우스의 아들 그나이우스 폼페이우스도 전투 직후 처형당했고, 섹스투스 폼페이우스는 몇 년을 더 살다가 세상을 떠났다.

카이사르는 에스파냐에 좀 더 머물러 사태를 수습하고 그해 늦가을에 로마로 돌아왔다. 에스파냐를 평정한 카이사르를 위해 이번에도 개선식이 마련되어 있었다. 늘 그렇듯 대중들이 열광하는 경기와 축제도 이어졌다.

카이사르의 죽음

에스파냐에서 돌아온 카이사르는 자신을 반대했던 사람들, 특히 가이우스 카시우스, 마르쿠스 브루투스, 키케로 등을 모두 사면해 주었다. 또 원로원의 수를 900명으로 늘리고, 시민들을 나태하게 만드는 '곡물 지원'을 과감히 줄였다. 옛 도시들을 식민지로 삼기 위해 빈민들을 식민시로 보내기도 했다. 코린트를 재건했고 카르타고 지역에 약 8,000명의 이탈리아인들을 이주시켰다. 사회의 풍기 단속에 엄격했으며 절약과 검소를 강조했다. 부유하고 젊은 귀족들에게는 가마를 타고 다니지 못하게 했다. 곳곳에 도서관을 설립하고 저명한 의사와 과학자들은 로마에 정착하도록 장려했다. 오스티아의 항구를 새롭게 개선했고 아드리아 해에서 아펜니스산맥을 넘어 티레니아 해까지 가도를 만들었다. 마르스를 기리는 신전을 세웠으며 타르페이아 바위산 밑에 거대한 원형 경기장을 건축하기도 했다.

이처럼 카이사르는 수많은 업적으로 세웠지만 허무하게도 암살자들의 손에 목숨을 잃고 만다. 카시우스 롱기우스와 마르쿠스 유니우스 브루투스가 암살의 주범이었다. 예전에 크라수스의 부하였던 카시우스는 파르티아 왕국과의 전쟁에서 용맹을 떨치기도 했다. 파르살루스에서는 카이사르에 맞서 폼페이우스 장군 편에서 싸웠다. 그러나 카이사르는 카시우스를 용서해 주었다. 카시우스는 브루투스의 누이와 결혼했다. 카토의 조카이자 양아들인 브루투스 역시 파르살루스에서 카이사르에 맞서 싸웠다. 카이사르는 브루투스도 용서해 주었다. 그럼에도 카시우스와 브루투스는 로마의 일인자 카이사르를 가만히 보고만 있지 않았다.

곧 두 음모자는 당파를 가리지 않고 사람들을 모으기 시작했다. 내전 때 서로 싸우던 사람들조차 '공공의 적'을 두고 손을 잡았다. 키케로는 역모에 가담하지 않았다. 워낙 고령이기도 했지만, 무엇보다 원수에게 관대한 사람을 해친다는 걸 스스로 용납하지 못했다.

기원전 44년 3월 15일 아침, 카이사르는 원로원 회의장에 들어가 자리에 앉았다. 이때 툴리우스 킴베르와 일단의 무리들이 카이사르에게 다가왔다. 킴베르는 유배 가 있는 형제를 대신해 탄원하며 카이사르의 손을 붙잡고 머리와 가슴에 입을 맞추었다. 카이사르가 일어나려고 하자 킴베르는 카이사르의 어깨에 걸쳐 있던 겉옷을 홱 잡아챘다. 그 순간 의자 뒤에서 카스카

암살당하는 카이사르(빈센초 카무치니 作)

가 단검으로 카이사르의 목을 찔렀다. 이를 신호로 수많
은 사람들이 카이사르에게 단검 세례를 퍼부었다. 카시
우스는 카이사르의 얼굴을 쑤셨고 마르쿠스 브루투스는
사타구니를 찔렀다. 카이사르는 더 이상 저항할 수 없었
다. 다만 겉옷으로 머리와 하체만 가릴 뿐이었다. 그렇
게 카이사르는 폼페이우스의 조각상 아래 쓰러지고 말
았다. 조각상은 카이사르의 피로 물들었다.

곧이어 엄청난 소동이 벌어졌다. 암살 광경을 목격한
원로원 의원들은 모두 그 자리에서 달아났다. 공모자들
도 카피톨리네 언덕으로 피신했다. 민심은 그들을 적대
하기 시작했다. 수많은 카이사르의 옛 병사들이 로마로
모여들었다. 마르쿠스 안토니우스의 추도 연설이 시민
들의 심금을 울렸다. 안토니우스가 카이사르의 주검을

덮고 있던 토가(겉옷)를 제거하자 온몸에 칼자국이 보였고, 이를 본 사람들은 충격을 금치 못했다. 사람들은 카이사르의 주검을 '캄푸스 마르티우스(마르스의 들판)'에 묻는 대신에 포룸에서 화장을 지냈다. 장례를 치른 사람들은 공모자들의 집을 찾아가 모조리 박살내 버렸다. 브루투스와 카시우스는 다른 공모자들과 함께 도시 밖으로 죽어라 도망쳤다.

역사상 카이사르는 장군으로서 타의 추종을 불허했다. 물론 한니발 정도는 예외일 수 있겠다. 카이사르는 특히 자원을 활용하는 능력에서 천재적이었다. 나폴레옹을 상대하는 적군은 그의 전략을 쉽게 예상할 수 있었지만, 카이사르와 싸우는 적군은 한 치 앞을 내다볼 수 없었다고 한다. 카이사르는 늘 고도의 전략을 세웠고, 위기 때마다 새로운 전략을 창안해냈다. 그는 위대한 장군일 뿐 아니라 탁월한 정치가였고, 키케로에 못지않은 연설가였다. 또 역사가로서 당시의 상황을 생동감 있고 명료하게 서술할 줄도 알았다. 카이사르가 저술한 대표적인 역사서로는 『갈리아 원정기』가 있다. 기원전 58년부터 기원전 51년까지 자신이 갈리아 지방을 평정하고 속주로 만든 이야기를 담았다.

제2차 삼두 정치

　예전에 카이사르는 자신의 재산 중 4분의 3을 누이인 율리아의 손자 옥타비우스에게 상속한다는 유언을 남겼다. 나머지는 다른 친척들에게 나누어 주기로 했다.

　옥타비우스가 19세 되던 해에 카이사르가 암살당했다. 옥타비우스는 곧바로 자신의 상속권을 주장하기 위해 로마로 갔다. 카이사르의 미망인이 된 카푸르니아는 마르쿠스 안토니우스에게 모든 재산을 관리하도록 맡겼다. 뿐만 아니라 카이사르가 남긴 모든 서류도 안토니우스가 관리했다.

　옥타비우스는 감정에 잘 휘둘리지 않는 침착하고 현명한 사람이었다. 한편 안토니우스는 옥타비우스가 로마에 온 것이 탐탁지 않았다. 그는 카이사르의 재산을 내놓을 생각이 전혀 없었다. 안토니우스는 카이사르가 이미 재산을 사회에 환원했다고 주장했다. 이에 옥타비우스는 자신이 카이사르의 양자임을 내세웠다. 그 때문에 사람들의 인기를 얻기도 했다. 기원전 44년 옥타비우스는 원로원파와 손을 잡았으며, 원로원도 그를 적극 옹호했다. 연설가 키케로도 옥타비우스를 도왔다. 그는 독재자를 꿈꾸는 안토니우스를 겨냥해 14번의 연설을 실시했다.

기원전 43년 봄, 옥타비우스는 군대를 이끌고 무티나에 있는 안토니우스를 찾아가 격파시켰다. 이후에 집정관에 임명되었지만, 자신의 이익을 위해 원로원을 저버린 채 안토니우스, 레피두스와 함께 제2차 삼두 정치를 시작했다. 이 세 사람은 공식적인 협약을 맺고 앞으로 로마를 통치하고 재편할 수 있는 권위를 인정받았다.

마르쿠스 안토니우스

속주는 다음과 같이 분할 통치했다. 레피두스는 에스파냐와 갈리아 나르보네시스, 안토니우스는 그 외의 갈리아 지방(알프스 너머)과 갈리아 키살피나(알프스 이남의 갈리아), 옥타비우스는 시칠리아 섬, 사르디니아 섬, 아프리카를 맡았다. 제2차 삼두 정치가 실시되면서 엄청난 유혈 사태가 이어졌다. 300명의 원로원 의원과 2,000명의 에퀴테스가 제거되었는데, 희생자 중에는 키케로도 포함되어 있었다.

필리피 전투와 악티움 해전

이제 세 권력자는 동방 지역으로 달아난 브루투스와 카시우스 등 카이사르의 암살범들을 잡기 위해 총력을 기울였다. 그동안 브루투스와 카시우스는 동방에서 8만 명의 보병과 2만 명의 기병을 조직했다. 그들은 소아시아의 여러 도시들을 약탈하고 나서, 유럽 대륙을 침공하기 위해 사르디스에 병력을 총집결시켰다. 곧이어 트라케를 지나 마케도니아 지방으로 행군해 들어 갔다. 그런데 아니나다를까 필리피에서 안토니우스와 옥타비우스가 12만 명의 대군을 이끌고 그들을 기다리고 있었다.

마르쿠스 유니우스 브루투스

기원전 42년 필리피에서 두 번의 전투가 벌어졌다. 첫 번째 전투에서 브루투스는 옥타비우스를 패배시켰다. 하지만 카시우스는 안토니우스에게 패했는데, 동료의 승리 소식을 듣지 못한 채 스스로 목숨을 끊었다. 3주 후 두 번째 전투에서는 브루투스가 안토니우스와 옥타비우스의 연합군과 싸워 패했고 카시우스의 뒤를 따라 목숨을 끊었다. 브루투스의 죽음과 함께 이제 로마 공화국도 막을 내렸다. 사실상 로마는 개별 군주가 다스리는 국가가 되었다.

필리피 전투의 결과 속주의 통치가 새롭게 재편되었다. 안토니우스가 동방 지역을 다스리기로 했고, 옥타비우스는 이탈리아와 에스파냐, 레피두스는 아프리카를 맡았다.

옥타비우스는 이탈리아에 질서를 확립하고자 했으나 넘어야 할 산이 많았다. 문다 전투에서 달아났던 섹스투스 폼페이우스는 강한 해군을 이끌었다. 그는 지중해 대부분 지역을 장악하면서, 특히 로마로 곡식을 나르는 배를 방해하여 로마에 기근을 초래할 위험이 있었다. 옥타비우스는 함대를 출동시켜 이 위험으로부터 로마를 구해야 했다. 처음에는 섹스투스 폼페이우스에게 패했지만, 이후 기원전 36년에는 나우로쿠스 해전에서 보기 좋게 승리했다. 섹스투스는 아시아로 달아났지만 밀레투스에서 안토니우스의 부관 중 한 명에게 사로잡혀 결국 처형당하고 말았다.

한편 레피두스는 시칠리아 섬을 자기가 통치할 속주라고 주장하며 옥타비우스에게 그 섬에서 손을 떼라고 했다. 하지만 옥타비우스는 레피두스의 병사들을 설득해 반란을 일으키게 만들었고, 결국 레피두스는 옥타비우스에게 투항하고 말았다. 옥타비우스는 레피두스의 목숨은 살려 주었지만 정계에서 모든 권력을 내려놓고 은퇴하게 만들었다. 이제 로마의 최고 권력자는 옥타비우스와 안토니우스 단 두 사람뿐이었다. 각각 제국을 분할해서 맡기로 했는데, 서방 지역은 옥타비우스가, 동방 지역은 안토니우스가 통치했다.

한편 알렉산드리아로 간 안토니우스는 클레오파트라의 매력

안토니우스와 클레오파트라(로렌스 알마 타데마 作)

에 흠뻑 빠져들었다. 마치 안토니우스 자신이 동방의 군
주가 된 양 행세했는데, 그의 실정에 동료와 부하들은
혐오감을 느끼기 시작했다. 안토니우스는 날이 갈수록
사치와 향락에 빠졌고, 나중에는 아내이자 옥타비우스
의 누이인 옥타비아와 이혼까지 하게 되었다. 그러면서
옥타비우스와 점점 사이가 멀어져 결국에는 전쟁까지
벌이게 되었다.

 기원전 31년 9월 2일, 전투는 그리스 악티움 곶 근처
바다에서 벌어졌다. 안토니우스는 동방 지역 곳곳에서
병력을 모아 대군을 이루었고, 클레오파트라의 지원을

악티움 해전(로렌초 카스트로 作)

받아 해군도 편성했다. 안토니우스는 육지에서 전투를 치르고
싶었지만 클레오파트라는 바다에서 싸워야 한다고 고집을 부
렸다. 옥타비우스의 함대는 나우로쿠스 해전에서 지휘관을 맡
았던 아그리파가 지휘했다. 전투가 장기화되고 결판이 나지 않
자, 클레오파트라는 돛을 올려 전열에서 빠져 나왔다. 안토니우
스도 즉시 클레오파트라의 뒤를 쫓았다. 하지만 전투는 남아 있
는 안토니우스의 전함들이 파괴될 때까지 계속되었고, 결국 안
토니우스의 함대는 적에게 대거 투항했다.

　옥타비우스는 안토니우스를 약 1년 동안 뒤쫓지 않았다. 그는 사모스에서 그해 겨울을 보내면서 아그리파를 고참병 부대와 함께 이탈리아로 보냈다. 그사이에 옥타비우스는 자기 부대 병사들에게 제공할 돈을 마련하기 위해, 그리고 새로운 식민시를 세우기 위해 그리스와 아시아 속주의 통치 체제를 정비했다. 그렇게 한참 있다가 다시 이집트로 눈을 돌렸다. 옥타비우스는 이집트의 주요 거점인 펠루시움을 함락한 뒤에 알렉산드리아로 행군했다. 절망한 안토니우스는 결국 클레오파트라의 품에서 스스로 목숨을 끊었다. 그녀 역시 안토니우스의 뒤를 따랐다. 클레오파트라와 충성스러운 심복 두 명이 침실에서 숨진 채 발견되었다.

이제 옥타비우스는 로마의 일인자가 되었다. 로마로 돌아오기 전에 이집트를 속주로 전환하고, 유대 지방의 반란을 진압하고, 시리아와 소아시아 지역의 사태를 정리했다. 옥타비우스는 이 세 번의 승리를 기념하며 개선식을 올렸다. 이제 야누스 신전의 문*이 닫히고 로마에도 오랜만에 평화가 찾아왔다.

* 전쟁이 벌어지는 시기에는 야누스 신전의 문을 열어 두었다. 그 전에 문이 닫힌 시기가 두 번 있었는데, 한번은 제2대 왕 누마 폼필리우스의 치세 기간이었고, 또 한번은 제1차 포에니 전쟁과 제2차 포에니 전쟁 사이 기간이었다.

제6부

로마 제국의 발전

아우구스투스의 등장

옥타비우스는 개선식 이후 공화국의 선례에 따라 '임페라토르(Imperator)'*라는 타이틀을 내려놓아야 했다. 하지만 그는 원로원이 자신에게 이 직책을 10년 동안 부여할 수 있게 허락했다. 이후로도 기간은 거듭 바뀌었다. 이런 식으로 옥타비우스는 로마군의 영속적인 지휘관이 되었다. 나중에는 임페라토르(사실상 황제)인 옥타비우스에게 감찰관의 권한도 부여되었다. 즉 원로원 의원의 명단을 마음대로 수정할 수 있게 되었다는 말이다. 옥타비우스는 원로원 의원의 수를 600명으로 줄였고 의원이 되기 위한 재산 소유 조건도 제시했다. 그는 스스로를 제1시민이라는 의미로 '프린켑스(Princeps)'라고 불렀다. 시민들의 오해를 잠재우기 위한 조치였다.

원로원은 여전히 가장 중요한 사안을 결정했다. 범죄에 대한 재판권과 새로운 법안에 대해 비준할 권한을 가지고 있었다. 원로원 회의는 매달 세 번씩, 즉 1일, 5일(또는 7일), 13일(또는 15일)에 열렸다. 임페라토르도 다른 원로원 의원처럼 투표권이 있었다.

원로원은 옥타비우스에게 '아우구스투스(Augustus)'라는 칭호를 수여했다. 아우구스투스라는 직책은 그에게 속주 총독과 집정관의 자격을 부여했고 12명의 릭토르*를 거느릴 수 있었다. 무엇보다 두 집정관보다 더 높은 자리에 앉았으며, 물론 집정관들은 그가 바라는 대로 따라야 했다. 그리고 로마 종교의 수장인 최고 제사장(폰티펙스 막시무스)의 자격도 부여되었다.

아우구스투스는 사실상 로마의 최고 권위자가 되었다. 원로원은 이제 그의 뜻에 굴복해야 했다. 민회는 점점 정치권에서 목소리를 잃어 가더니 결국 자취를 완전히 감추고 말았다. 원로원은 디오클레티아누스 황제 때인 기원후 284년까지 명맥만 유지했다.

아우구스투스는 독점적인 군 지휘권을 가지고 있었으므로 속주 총독 자격으로 군

* 원래 공화정 시기에 대외 전쟁에서 승리를 거둔 군사 지도자의 칭호로 쓰였는데, 카이사르 이후에는 최고 권력자라는 의미가 강해졌다. 로마 제국에서는 '황제'라는 의미로 사용되었다.

✻ 집정관의 뒤를 따르는 호위 병사이다. 이들은 권위와 위엄을 상징하는 양날의 도끼(파스케스)를 들고 다녔다.

아우구스투스

사력이 요구되는 속주를 통치했다. 아우구스투스 본인은 로마 내에 거주하면서 총독 대행을 보내 속주를 감독했다. 그 외의 속주는 원로원에서 임명한 총독이 다스렸다. 당시 이에 해당하는 속주는 시칠리아 섬, 아프리카, 아카이아(그리스), 마케도니아, 소아시아, 먼 에스파냐, 갈리아 나르보넨시스였다.

이제 로마 시 정부의 관할 지역이 이탈리아 전체로 확대되었다. 이때 아우구스투스는 세 장관(Praefect)의 보좌를 받았다. 한 명은 식량 공급을 담당했고, 또 한 명은 도시의 행정을 맡았다. 마지막 한 명은 9,000명으로 이루어진 근위대를 통솔했다. 이 장관들은 곧 정무관들의 지위와 역할을 무색하게 만들었고, 이들을 통해 아우구스투스는 대권을 장악했다.

당시 로마 제국은 지중해를 둘러싼 모든 지역을 포함했다. 동쪽으로는 파르티아 왕국(상 유프라테스)과 아라비아 사막까지, 남쪽으로는 사하라 사막까지, 서쪽으로는 지중해 연안까지 뻗어 있었다. 북쪽은 야만족의 침입이 잦아 경계가 확실히 정해지지 않았다.

아우구스투스는 통치 초기에 다뉴브 강 근처의 모이시아를 제국의 새로운 속주로 포함시켰다. 그 다음에는 라인 강과 모이시아 사이의 지역을 정복하고자 했는데, 이 지역은 거친 산악족이 장악하고 있었다. 아우구스투스는 양아들인 드루수스와 티베리우스에게 이 중요한 정복 사업을 맡겼다. 기원전 15년 두 아들은 아버지가 맡긴 일을 성공적으로 수행해 새로운 속주 두 곳을 확보했다. 속주의 이름은 라이티아와 노리쿰이었다.

티베리우스는 기원전 10년에 사베 강 유역을 정복하고 파노

니아(지금의 헝가리 서부)라는 속주를 만들었다. 그동안 두루수스는 라인 강 근처의 게르만족과 맞서 싸웠다. 라인 강부터 엘베 강까지 게르마니아 지방을 거의 정복할 즈음 두루수스가 갑자기 세상을 떠났다. 이에 형제 티베리우스가 두루수스의 과업을 이어받아 성공적으로 완수했다.

두루수스는 게르마니아 지방을 정복한 공으로 게르마니쿠스라는 별칭을 얻었다. 두루수스의 아내는 마르쿠스 안토니우스의 딸 안토니아였다. 두 사람은 아들 둘을 낳았는데, 게르마니쿠스와 클라우디우스였다. 그중 클라우디우스는 나중에 황제가 되었다.

기원후 7년 루키우스 바루스는 새로 확보한 게르마니아 지방의 총독으로 임명되었다. 그는 이 지역의 피정복민들에게 로마 속주 정부의 통치를 받게 했다. 하지만 게르만족은 이에 저항해 족장 아르미니우스(헤르만)를 중심으로 봉기를 일으켰다.

기원후 9년 바루스는 게르만족의 유인 작전에 걸려들어 토이토부르크 숲으로 갔다. 바루스의 군대가 숲에 당도하자 사방에서 적군이 공격해 왔다. 3일 내내 전투를 벌인 결과 피해가 상당했고, 숲에서 넓은 평원으로 빠져나왔지만 적군이 맹공을 퍼붓는 바람에 전멸당하고 말았다. 절망에 빠진 바루스는 스스로 목숨을 끊었다. 로마는 게르마니아 지방을 잃었고 라인 강은 다시 로마 제국의 국경이 되고 말았다. 이번 전투의 패배로 로마는

토이토부르크 전투(오토 알베르토 코흐 作)

큰 충격에 빠졌다. 비탄에 잠긴 아우구스투스는 이렇게 소리쳤다. "바루스여 바루스여, 나의 로마 군단을 돌려다오!"

5년 뒤인 기원후 14년에 아우구스투스가 세상을 떠났다. 그

는 마지막 순간 동료들에게 자신이 인생이라는 희극에서 제 역할을 잘했는지 물었다고 한다.

아우구스투스는 결혼을 세 번 했는데, 자녀는 두 번째 아내 스크리보니아에게서 낳은 율리아 한 명뿐이었다. 율리아는 미모와 재능이 뛰어났지만, 음모를 꾸민 것 때문에 역사에 오명을 남겼다. 그녀는 총 세 번 결혼식을 올렸다. 첫 번째는 사촌인 마르켈루스와 부부가 되었다. 두 번째는 아그리파와 결혼해 자녀 다섯을 낳았다. 세 번째는 티베리우스 황제와 결혼했다. 하지만 안토니우스의 아들인 율리우스 안토니우스와 간통하는 바람에 추방되었고 유배지에서 여생을 쓸쓸하게 보냈다.

아우구스투스의 누이인 옥타비아는 미모와 재주가 뛰어났을 뿐 아니라 성품도 고결했다. 옥타비아의 아들 마르켈루스는 삼촌에게 양아들로 갔지만 젊은 나이에 생을 마감했다. 시인 베르길리우스*는 아우구스투스와 옥타비아 앞에서 『아이네이스』를 낭독하다가 세상을 떠난 젊은이에 대해 언급했다. 두 사람은 슬픔에 못 이겨 눈물을 흘렸고 옥타비아는 실신까지 했다. 나중에 이들은 베르길리우스에게 후한 상을 내렸다고 한다.

첫 번째 남편이 죽은 뒤로 옥타비아는 마르쿠스 안토니우스와 결혼해 두 딸을 낳았으며, 세 명의 황제 즉, 클라우디우스, 칼리굴라, 네로의 선조가 되었다.

유능한 장군이자 정치가인 아그리파는 아우구스투스

아우구스투스와 옥타비아 앞에서 『아이네이스』를 낭독하는 베르길리우스(장 밥티스트 비카르 作)

의 따뜻한 친구이자 상담자가 되어 주었다. 악티움 해전에서 그는 옥타비우스의 함대를 지휘하기도 했다. 아우구스투스의 외동딸인 율리아와 결혼해 세 아들을 낳았다. 그중 두 명은 아우구스투스가 입양했는데, 모두 이른 나이에 죽었고 나머지 한 명은 티베리우스에게 죽임을 당했다.

　아우구스투스는 76세를 일기로 생을 마감했다. 그는 평소 검소하고 깔끔한 성격이었고, 사람들을 대할 때는 대단히 영민했다. 나랏일을 할 때는 대담하고 야심차게 행동했다. 자기 뜻대로 무언가를 만들어내는 '천재성'보다는 자신에게 찾아온 기회를 남용하지 않는 '절제력'이 그를 위대한 인물로 만들었다. 아우구스투스가 높은 자리까지 올라갈 수 있었던 까닭은 당시의

민심과 시대 상황 때문이었다. 40년 넘게 로마 제국에서 평화를 유지한 것을 업적으로 꼽는 사람도 있다. 그는 세상을 오로지 하나의 뜻으로만 통합하고자 했다. 아우구스투스가 세운 절대적 권력 때문에 뒤를 잇는 황제들은 이를 유지하기 위해 늘 불안에 시달려야 했다. 그는 현재만 생각했지 미래는 보지 못했던 것이다. 그래서 현명한 정치가보다는 약삭빠른 정치꾼의 이미지가 더 강한지도 모르겠다.

율리우스-
클라우디우스 황조

티베리우스(재위 14~37)

티베리우스 클라우디우스 네로와 리비아의 아들인 티베리우스 클라우디우스 네로 카이사르(기원전 42년에 태어남)가 아우구스투스의 뒤를 이어 로마의 황제가 되었다. 앞서 그의 어머니 리비아는 티베리우스와 이혼하고 아우구스투스와 재혼했다.

티베리우스는 군사를 다루는 재능이 뛰어났다. 규율을 대단히 강조했고 병사를 지휘하는 데 자신감이 넘쳤다. 칸타브리아, 아르메니아, 라이티아, 달마티아, 게르마니아 지방을 맡아 성공적으로 군사를 지휘하면서 큰 명예도 얻었다. 기원전 7년 개선 장군이 되어 로마로 돌아온 티베리우스는 뒤에 아우구스투스의 딸 율리아와 결혼식을 올렸다. 하지만 이 결혼은 티베리우스에게는 치명적인 결점이 되었다. 품행이 좋지 못한 율리아 때문에 질투와 의심에 사로잡히고 마음고생도 심하게 했다.

결국 티베리우스는 로도스 섬으로 가서 7년 동안 은둔 생활을 하게 되었다. 그러다가 야망이 넘치는 어머니의 영향으로 기원후 2년에 다시 로마로 돌아왔고, 이후에 황제의 후계자로 임명되었다.

티베리우스는 56세에 황제의 자리에 올랐지만, 불안증과 편집증 같은 정신병적인 징후를 보이기도 했다. 이 때문에 부하들과 상담도 여러 차례 한 것으로 알려진다. 사람들은 비정상적으로 보이는 황제에게 반감과 의심을 가졌으나, 나이가 들기 전까지는 정신도 맑았고 통찰력도 뛰어났다.

통치 기간 내내 티베리우스는 아우구스투스가 다져 놓은 제국의 통치 기반을 잘 유지하기 위해 최선을 다했다. 단 두 가지 중요한 변화가 있었다. 첫째, 지금까지 소규모로 운영되었던 황제 근위대를 대폭 증강했다. 덕분에 폭동의 위험이 많이 줄어들었다. 둘째, 옛 민회가 사실상 폐지되

티베리우스 황제

었다. 물론 원로원은 사라지지 않고 유지되었다.

티베리우스는 속주 관리에 신경을 많이 썼다. 그가 가장 좋아하는 격언은 '좋은 양치기는 양의 털을 잘라야 하지 가죽을 벗겨서는 안 된다.'였다. 군인, 총독, 행정관 할 것 없이 속주민을 탄압한 사람은 곧장 감옥행이었다. 공공 비용을 엄격하게 관리해 세금도 낮추었다. 또 상업을 장려해 통치 기간에 로마 제국은 경제적으로 번영했다.

하지만 반대 세력에 대해서는 황제의 권력에 위협이 된다고 여겨 잔인하게 처벌하고 제거했다. 그러는 바람에 밀고자들이 많이 생겨나기도 했다. 고대의 역사가들은 티베리우스의 어두운 면을 특히 두드러지게 서술하는 편이었다. 티베리우스는 23년간의 통치 끝에 79세를 일기로 세상을 떠났다.

티베리우스의 어머니 리비아에 대해 좀 더 이야기해 볼 필요가 있다. 리비아는 남편 아우구스투스에게 무한한 영향력을 행사했다. 그녀는 엄청난 야심가였으며 잔인하고 악랄했다. 아우구스투스의 친인척들을 차례로 제거해 나갔는데, 결국 궁전에 아우구스투스의 가족이라고는 리비아와 아들 티베리우스밖에 남지 않았다. 모든 로마인들이 황후 리비아를 증오했고, 아들조차 어머니를 두려워하고 미워했다. 그녀는 남편이 죽고 15년을 더 살다가 남편이 있는 곳으로 갔다. 티베리우스는 어머니의 임종을 지키지도 않았고 장례식에도 참석하지 않았다.

세야누스는 티베리우스의 근위대를 이끄는 지휘관이었다. 그는 황제에게 무한한 신뢰를 받고 있었지만 사실 뼛속 깊은 악질이었다. 세야누스는 황제의 의붓딸인 리빌리아를 꼬드겨 황제

가 될 사람인 남편에게 독약을 먹이게 했다. 그런 다음 자기 아내와 이혼하고 리빌리아와 결혼했다. 그가 아그 리피나(게르마니쿠스의 미망인이자 아그리파와 율리아의 딸) 를 비방하는 바람에 티베리우스는 리빌리아를 아들 네 로와 드루수스와 함께 추방시켜 버렸다. 기원전 26년 세 야누스는 황제를 카프리 섬에서 은둔하게 만들고, 스스 로 로마의 실세가 되었다.

결국 티베리우스는 세야누스의 실상을 모두 알게 되 면서 기원전 31년 그를 체포해 처형했다. 세야누스의 시 신은 로마 거리에 끌려 다니다가 폭도들에 의해 갈기갈 기 찢긴 뒤 티베르 강에 던져졌다.

칼리굴라(재위 37~41)

티베리우스는 아들을 남기지
않았기 때문에, 원로원은 가이
우스 카이사르를 다음 황제로
추대했다. 가이우스 카이사르
는 게르마니쿠스와 아그리피나
의 아들이자 율리아의 손자이자
아우구스투스의 증손자였다. 그
는 '칼리굴라'로 더 잘 알려져
있는데, 그 이름은 어릴 때 신고

칼리굴라 황제

다니던 '꼬마 장화(칼리굴라)'를 보고 군인들이 붙여 준 별명에서 비롯되었다.

25세에 통치를 시작한 칼리굴라는 허약 체질에다가 발작을 자주 일으켰다. 자기 재산을 모두 탕진한 뒤에는 부유한 시민들을 죽이고 그들의 재산을 몰수했다. 또 유혈 사태를 즐겼으며 로마 시민들을 한꺼번에 모두 몰살시키고 싶다는 말도 여러 번 했다고 한다. 그는 사람들의 찬사를 지나치게 좋아했는데, 그래서인지 스스로를 신이라고 생각해 카피톨리누스 신전에 자주 들렀고 사람들에게 경배를 요구했다. 그렇게 폭군으로 지낸 지 4년 만에 근위대 대장에게 죽임을 당했다.

클라우디우스 황제

클라우디우스(재위 41~54)

이 무렵 로마의 한 강경파는 로마가 다시 공화정으로 돌아가야 한다고 주장했다. 원로원도 이 문제로 한창 고민하고 있을 때, 갑자기 근위대가 클라우디우스를 황제로 옹립해 버렸다.

클라우디우스는 칼리굴라의 삼촌이자 티베리우스의 조카였다. 그는 어느 정도 학식이 있는 사람이었지만, 폭식가였으며 아내에게 꼼짝없이 잡혀 살았다. 첫 번째 아내 메살리나는 악명 높은 여인이었고, 그녀의 이름은 사악함의 대명사가 되었다. 두 번째 아내는 그의 조카이자 칼리굴라의 누이인 아그리피나였는데, 그녀도 메살리나 못지않은 악처였다. 정치적 야망이 컸던 그녀는 전 남편과 낳은 아들 도미티우스를 데려와 클라우디우스의 양자로 입적시키고 이름을 네로로 바꾸었다. 그런 뒤에 남편을 독살하고 자기 아들을 황제로 세웠다.

로마 내에서 클라우디우스의 통치는 대체로 유연하고 건전한 편이었다. 그러나 속주 통치만큼은 엄격하고 가혹했다. 클라우디우스는 브리타니아 정복 사업도 추진했다. 16일간 군사 활동을 펼치고 마지막으로 정복지에 거점을 마련했다. 그곳은 장군 아그리콜라가 약 40년간 관리했다. 브리타니아는 400년간 로마의 속주로 남았는데, 사람들은 로마 문화에 거의 동화되지 않았다. 그래서 로마의 수비대가 철수했을 때 그들은 재빨리 원상태로 돌아올 수 있었다. 하지만 로마식 건물이 지금도 많이 남아 있어 그곳이 한때 로마의 정복지였다는 사실을 잘 보여 준다.

클라우디우스의 공공사업 규모는 어마어마했다. 티베르 강 하구에 새로운 항구를 건설했고, 로마 시에 일명 '아쿠아 클라우디아'라는 거대한 수도교를 세우기도 했다. 지금도 수도교의 일부가 남아 있다. 또 포키노 호수 근처에 광대한 농경지를 개간하기도 했다.

아쿠아 클라우디아

네로(재위 54~68)

네로는 16세의 어린 나이에 황제의 자리에 올랐다. 처음 2~3
년간은 개인 교사인 세네카*와 근위대 대장 부르후스의 지도
를 받았다. 이 기간에 네로의 통치는 아우구스투스 시대 못지않
게 괜찮은 편이었다. 하지만 네로는 얼마 있지 않아 포파이아
사비나라는 파렴치한 여인에게 푹 빠지게 되었다. 그러면서 아
내인 옥타비아를 거들떠보지도 않다가 결국에는 살해를 저지
르기까지 했다.

이때부터 시작된 네로의 폭정은 굳이 자세히 이야기하지 않
아도 될 정도로 잘 알려져 있다. 자유민 출신인 티겔리누스는
네로의 조언자 역할을 하면서 제국의 실세가 되었다. 그는 황제
에게 온갖 악행과 부정을 저지르도록 옆에서 부추겼다. 포파이
아는 네로가 홧김에 발로 걷어차는 바람에 죽고 말았다. 네로
는 근위대 대장 부르후스도 제거하고, 어머니 아그리피나와 실
질적인 황제 계승자 브리타니쿠스도 살해했다. 부유한 시민들
의 재산도 강탈했다. 로마 시민들은 네로의 폭압적인 행태에 분
노를 금치 못했다. 예술을 사랑한 네로는 사람들 앞에 음악가로
등장했고, 나중에는 직접 연극 공연이나 운동 경기에 참여하기
도 했다.

64년 7월 18일, 로마에 대화재가 발생해 도시 대부분이 파괴되었다. 네로가 방화를 저질렀다는 이야기가 있지만 확실한 증거는 없다. 불타는 로마를 바라보며 시를 읊었다는 이야기는 확실히 만들어진 이야기이다. 네로는 당시 소수의 가난한 계층이었던 기독교도들을 방화범으로 몰아 무자비하게 처형했다. 장작더미를 높게 쌓고 거기에서 기독교도들을 산 채로 화형시켰다.

로마를 재건하면서 네로는 화재가 다시 일어나지 못하도록 가능한 모든 예방책을 세웠다. 좁았던 골목길을 넓은 도로로 만들었다. 새로운 집들은 높이를 제한했고 부분적으로 단단한 돌을 건축 자재로 사용했다. 상수도 시설에도 신경을 많이 썼다.

네로는 도시를 재건하면서 '황금 궁전'이라 불리는 아

*에스파냐 코르도바에서 출생한 세네카는 수사학 교사인 아버지를 두어 젊은 시절부터 웅변가로 명성을 날렸고, 후기 스토아 철학을 대표하는 철학자로도 활동했다. 59년에는 네로의 폭정이 극으로 치닫자, 관직에서 물러나 학문과 집필 활동에만 몰두했다. 『서간집』, 『대화』 등의 저작과 「행복한 삶에 관하여」, 「관용에 대하여」 등의 에세이, 9편의 비극 작품을 남겼다.

기독교도의 화형을 지시하는 네로 황제(헨릭 세미라드즈키 作)

름답고 웅장한 궁전도 지었다. 궁전의 벽은 황금을 비롯한 각종 귀금속과 그리스의 예술 작품으로 치장했다. 궁전 주변에는 목초지와 호수, 숲이 펼쳐져 있어 최고의 전망을 자랑했다. 궁전 앞에는 거대한 네로의 석상을 세워 놓았다.

한편, 세네카와 루칸은 적들에 의해 음모에 가담했다고 고발당했다. 두 사람은 결국 명령에 따라 스스로 목숨을 끊었다. 이후에 네로의 삶은 더 극단으로 치달았다. 로마인들은 황제의 추태를 더 이상 보고만 있을 수 없었다. 마침내 '가까운 에스파냐'의 총독인 갈바가 황제를 자처하며 로마를 향해 진군해 왔다. 게르마니아의 총독인 베르기니우스도 반란에 가담했다. 원로원은 네로를 공공의 적으로 선언하고 사형 선고를 내렸다. 네로는 로마에서 탈출하여 68년 6월 9일에 스스로 목숨을 끊었다.

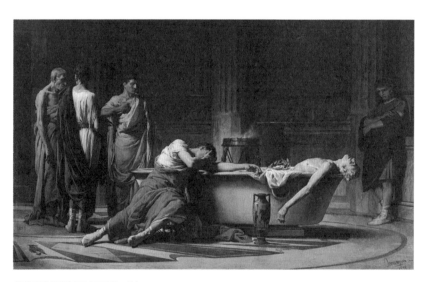

세네카의 죽음(루카 조르다노 作)

그의 석상은 산산이 부서졌고 곳곳에 새겨진 그의 이름
도 지워졌으며, 황금 궁전도 철거되었다. 네로의 몰락과
함께 율리우스-클라디우스 황조도 막을 내렸다.

갈바(재위 68~69), 오토(재위 69), 비텔리우스(재위 69)

갈바는 큰 소란 없이 정복자로서 로마에 입성했다. 하
지만 인색하고 엄격한 성정 탓에 인기가 없었고, 반란을
일으킨 군인들에게 목숨을 잃었다. 그가 로마에 도착한
지 50일밖에 되지 않았을 때였다. 그래도 갈바의 죽음에
안타까워하는 사람들이 적지 않았다.

포파이아의 첫 번째 남편이었던 오토는 갈바를 타도
하기 위해 반란을 일으킨 군인들의 주동자였다. 이제 그
가 황제의 자리에 올랐다. 오토가 황제가 되었다는 소식
이 갈리아 지방에 전해지자 라인 강에 주둔한 부대의 장
군인 비텔리우스가 봉기를 일으켰다. 오토는 반란군을
진압하러 출동했지만 전투에서 패해 결국 스스로 목숨
을 끊었다. 재임 3개월 만의 일이다.

비텔리우스는 군인으로서는 훌륭했지만 통치자로서
는 자질과 능력이 부족했다. 황제가 된 뒤에 식탐과 음
란에 빠져들었고 결국 재위 기간을 1년도 채우지 못하고
암살당했다.

플라비우스 황조

베스파시아누스(재위 69~79)

이번에는 동방 지역에서 황제를 자처하고 나섰다. 69년 7월 1일 유대 지방에서 유대인의 폭동을 진압하던 군인들이 지휘관인 티투스 플라비우스 베스파시아누스를 황제로 옹립했다. 베스파시아누스는 아들 티투스에게 유대인과의 전쟁을 맡기고 자신은 70년에 로마로 돌아왔다. 그는 로마에서 비텔리우스 황제를 타도하고 처형시켰다. 전투 과정에서 카피톨리누스 신전이 불에 탔다. 베스파시아누스는 신전을 새로 지으면서 도시 대부분을 새롭게 단장했다.

베스파시아누스는 검소하게 생활했고 귀족들의 사치와 낭비를 수치스럽게 여겼다. 그래서인지 사회가 전반적으로 건전하게 개선되는 분위기였다. 그는 원로원에서 부적격한 의원들을

콜로세움

퇴출시켰고, 아그리콜라를 비롯한 유능한 인재들로 원
로원을 채웠다. 70년 베스파시아누스는 갈리아 지방에
서 일어난 엄청난 봉기를 진압했고, 아들 티투스도 예루
살렘*을 정복하고 돌아왔다. 두 부자는 로마에서 개선
식을 거행했다. 이후로 베스파시아누스의 치세 기간 내
내 야누스 신전의 문은 더 이상 열리지 않았다.

공공 사업을 추진하고 도시를 단장하는 데 많은 재정
이 투입되었다. 포룸과 평화의 신전을 새롭게 지었고 네
로의 거대한 석상, 즉 콜로수스가 있던 자리에 유명한
콜로세움을 세우기 시작했다. '콜로세움(Colosseum)'이
라는 이름은 '콜로수스(Colossus)'에서 유래되었다.

전반적으로 베스파시아누스는 공적인 영역에서는 적

* 예루살렘은 몇 개
월간의 포위 공격 끝
에 함락되고 말았다.
유대 역사가인 요세
푸스가 이 처참한 역
사를 생생하게 기록
하기도 했다. 예루살
렘은 파괴되었고 유
대인들은 노예로 팔
려 갔다.

극적이고 신중하게 행동했고, 개인적으로는 검소하고 도덕적인 편이었다. 그의 통치 기간에는 로마가 평화로웠고 번영을 이루었다.

티투스(재위 79~81)

베스파시아누스의 뒤를 이어 아버지의 덕성을 본받은 아들 티투스가 황제 자리에 올랐다. 그는 아버지가 시작한 콜로세움 건축을 마무리했고, 유대인을 정복한 기념으로 사크라 가도에 개선문을 세웠다. 일명 '티투스의 개선문'이라 불리는데, 유대 신전의 '신성한 촛대'가 새겨져 있다. 지금도 그곳에 가면 확인할 수 있다.

티투스의 개선문에서 새겨진 '신성한 촛대'

티투스의 개선문

티투스의 통치 기간에 베수비우스 화산이 폭발해 도시 헤르쿨라네움과 폼페이가 파괴되었다. 이 폭발로 당시 유명한 작가인 대(大) 플리니우스도 세상을 떠났다. 그의 저작 중 유일하게 『자연사』가 보전되었는데, 이 책은 그가 진정한 연구자임을 보여 준다. 베수비우스 산이 폭발할 때 탐구욕에 이끌려 화산에 접근했다가 그만 봉변을 당하고 말았다.

도미티아누스(재위 81~96)

도미티아누스는 형제인 티투스와 전혀 다른 인물이었다. 그는 잔혹하고 탐욕적이며 사치스러웠다. 15년간의 패악한 통치 끝에 백성들의 증오와 멸시를 받으며 죽임을 당했다.

다만 대외 정책에서는 나름대로 주목할 만한 능력을 발휘했다. 게르마니아 지방 일부(오늘날의 바덴-비르템베르크)를 제국에 포함시켰고, 라인 강의 멘츠부터 다뉴브 강의 라티스본까지 방어 시설을 구축했다.

도미티아누스를 마지막으로 플라비우스 황조도 막을 내렸다. 그는 역사가 수에토니우스가 말한 이른바 '12인의 카이사르' 가운데 마지막 황제였다.

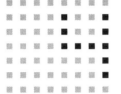
오현제 시대

네르바(재위 96~98)

원로원은 도미티아누스의 뒤를 이을 황제로 네르바를 추대했다. 네르바는 군사력을 기반으로 권력을 얻지 않은 첫 번째 황제였다. 그는 게르마니아의 총독 마르쿠스 울피우스 트라야누스를 양자로 삼고 후계자로 지목했다. 네르바는 재위 기간이 짧았지만 로마를 다시 안정시키고 번영할 수 있는 기반을 마련해, 이때부터 '로마의 평화(Pax Romana)'가 시작되었다.

트라야누스(재위 98~117)

네르바의 뒤를 이어 그의 양자인 트라야누스가 황제로 즉위

했다. 트라야누스는
백성들의 사랑과 존
경을 받기에 충분한
황제였다. 군인 출
신인 트라야누스는
전장에서 많은 시간
을 보내기는 했지만
지혜롭고 품위 있는
군주로서도 손색이
없었다.

트라야누스의 기둥

트라야누스는 발
칸 반도 북쪽의 다
키아 지방(지금의 루
마니아)을 제국의 영
토에 포함시켰다.
이 지역은 완전히
로마화되었고 오늘
날에도 거주민들의
언어에 약 1,900년 전 정복자들의 흔적이 남아 있다. 다
키아 지방의 정복을 기념하기 위해 이른바 '트라야누스
의 기둥'을 세워 놓았는데, 지금도 그 자리에 서 있다.

트라야누스는 이집트와 시리아 사이의 중요한 통로를
제공하는 아라비아 페트라이아도 제국에 포함시켰다.
파르티아 왕국에도 침입했지만 결과적으로는 정복하지

로마 제국의 최대 판도

못했다.

트라야누스 치세 기간에 로마 제국은 최대의 판도를 이루었다. 하지만 제국에도 붕괴의 첫 조짐이 나타나기 시작했다. 이탈리아 전역이 재정 궁핍에 시달렸고 대부분의 자영농이 몰락해 나중에는 농노의 신분이 되었다.

한편 트라야누스 시대의 예술 활동은 아우구스투스 시대에 버금갈 정도였다. 특히 아우구스투스 시대와 비교할 때 시인보다 산문 작가들의 실력이 월등했다. 유명한 산문 작가로는 타키투스, 소(小) 플리니우스, 퀸틸리아누스 등이 손꼽힌다.

하드리아누스(재위 117~138)

트라야누스의 뒤를 이어 그의 외조카인 하드리아누스
가 황제 자리에 올랐다. 하드리아누스는 에스파냐 태생
이었다. 그가 황제가 되어 가장 먼저 한 일은 트라야누
스가 최근에 정복한 땅을 포기하고 제국의 옛 판도로 돌
아가는 것이었다. 당시 로마의 힘이 미칠 수 있는 범위
가 한계에 다다랐기 때문이다. 정복지에서 군사를 운용
하는 데 드는 비용도 만만치 않았다. 또 피정복민들은
강인하고 호전적이며 통제가 쉽지 않았다. 그들은 끊임
없이 로마의 지배에 맞서 투쟁을 벌였다.

하드리아누스 방벽

하드리아누스의 영묘(산탄젤로 성)

　하드리아누스는 제국 곳곳을 돌아다니며 관리나 방어 체제를
점검했다. 브리타니아에서는 칼레도이니아인들의 침략을 막아
낸 뒤, 이쪽 바다에서 저쪽 바다에 이르는 긴 방벽, 일명 '하드
리아누스 방벽'을 세웠다. 이 방벽은 지금까지도 남아 있는데,
실제로 잉글랜드와 스코틀랜드의 국경선과 대체로 일치한다.
하드리아누스는 동방 지역에도 방문해 반란을 일으키는 유대
인들을 진압했다.

　로마로 돌아온 하드리아누스는 도시를 단장하는 데 힘썼다.
여러 훌륭한 작품을 남겼는데, 지금까지 남아 있는 것 중에 '하
드리아누스의 영묘'가 가장 유명하다. 지금은 '산탄젤로 성'으

로 더 잘 알려져 있다.

하드리아누스는 만년에 건강이 좋지 않았다. 좀처럼 쉽게 낫지 않는 병에 걸려 고생이 심했다. 그는 황위를 안정적으로 계승하기 위해 티투스 아우렐리우스 안토니누스를 후계자로 삼았고, 그에게는 마르쿠스 안니우스 베루스와 루키우스 베루스를 양자로 삼게 했다. 138년 후일에 대한 준비를 마치자마자 하드리아누스는 제국을 티투스에게 맡기고 저 세상으로 떠났다.

티투스 아우렐리우스 안토니누스 피우스(재위 138~161)

갈리아 지방 태생인 안토니누스는 52세 되던 해에 황제의 자리를 물려받았다. 그는 선제인 하드리아누스의 뜻을 잘 받들어 원로원에서 '피우스(경건한 자)'라는 별칭을 부여받았다. 안토니누스는 고결하고 견실하며 지혜로운 인물이었고 치세 기간 동안 별 탈 없이 로마를 이끌었다.

마르쿠스 아우렐리우스 안토니누스(재위 161~180)

안토니누스가 죽자 그의 양자인 마르쿠스 안니우스 베루스가 '마르쿠스 아우렐리우스 안토니누스'라는 이

순교자 유스티누스

름으로 황제 자리에 올랐다.

당시 무어인들이 에스파냐를 침공했고, 야만족들이 갈리아 지방을 침입해 들어오기 시작했다. 동방에서는 파르티아인들이 위협하고 있는 상황이었다. 다행히 파르티아와의 전쟁이 순조롭게 끝났고 파르티아 왕은 메소포타미아 지방을 로마에 넘겨주면서 평화를 요구했다. 그런데 동방 지역에서 돌아온 병사들이 전염병을 몰고 오면서 서방 지역이 초토화되었다. 하지만 애꿎은 기독교도들이 전염병의 주범으로 몰려 잔인하게 박해를 당했다. 당시 순교자 중에는 로마의 교부 유스티누스(저스틴)와 스미르나의 주교 폴리카르프(폴리캅)가 있었다.

168년 공동 황제인 루키우스 베루스가 죽었는데, 그는 향락에 빠져 큰 도움이 되지 못했다. 오히려 골칫거리를 하나 덜어낸 셈이었다. 그럼에도 마르쿠스 아우렐리우스는 남은 통치 기간 동안 그다지 행복하게 지내지 못했다.

시간이 갈수록 야만족의 위협이 점점 더 거세지고 있었다. 로

마는 이제 정복의 시대가 지났고, 지금의 영토도 지키기 어려울 정도로 무능했다. 아우렐리우스는 14년간 국경선에서 야만족과 싸워 간신히 접근을 차단할 수 있었다. 하지만 180년에 비엔나에서 전쟁을 준비하던 도중 59세의 나이로 갑자기 병사하였다.

로마는 얼마 있지 않아 야만족들과 평화로운 관계를 유지했다. 물론 돈을 주고 산 평화지만 말이다. 그 뒤로도 로마가 무력으로 원하는 바를 얻을 힘과 용기가 부족할 때 이런 일이 비일비재하게 일어났다.

마르쿠스 아우렐리우스는 로마 제국의 철학자이기도 했다. 그는 남 앞에 자신을 드러내지 않고 인간의 본성을 탐구하는 것을 좋아하는 학자적 기질을 타고 났다. 이러한 성향은 황제로서 약점으로 작용할 수도 있었다. 그가 남긴 『명상록』은 인생에 대한 깊은 사색과 성찰에 대한 기록이다. 마르쿠스 아우렐리우스를 끝으로 오현제 시대도 막을 내렸다. 그가 죽고 난 뒤 로마 제국의 힘은 급속도로 약해지기 시작했다.

로마 제국의 기독교

점차 수가 늘어나는 기독교도들은 로마 제국 전역에서 여러 차례 박해를 받았다. 이들이 박해를 받은 이유 중 하나는 로마의 신들에게 예배하는 것을 거부했다는 사실이다. 또 황제의 석상 앞에서 향을 피우는 것도 하지 않았다. 기독교들은 이러한 행위들을 자신이 믿는 유일신을 배신하는 우상숭배라고 비난했다. 아우렐리우스는 이 부분에 관해 기독교도들을 가혹하게 탄압했다. 284년에 즉위한 디오클레티아누스가 로마 역사상 최후의 박해를 일으켰고, 313년에 기독교를 공인하는 '밀라노 칙령'이 발표되면서 박해도 사라졌다.

제7부

로마 제국의 멸망

폭정의 시대

아우렐리우스가 죽자, 그의 아들 콤모두스가 급히 로마로 돌아왔다. 그리고 원로원과 군대로부터 황제로 추대되었다. 콤모두스의 됨됨이는 아버지 아우렐리우스와 극과 극을 달렸다. 콤모두스는 로마의 모든 황제 가운데 포악하고 잔인하기로 둘째가라면 서러울 정도였다. 그는 끄나풀을 매수해 원로원의 최고 인재들을 제거해 나갔다. 그의 국정 운영은 부패하기 이를 데 없었고, 온갖 비리와 범죄로 악명이 높았다. 스스로 가장 자랑스럽게 여기는 일은 원형 경기장에서 활로 사자 100마리를 죽이는 것이었다. 그렇게 12년을 통치하다가 결국 신하들의 손에 암살당하고 만다.

페르티낙스(재위 192~193)

집정관과 원로원 의원을 지낸 페르티낙스가 콤모두스의 뒤를 이어 황제가 되었다. 그는 단 3개월간 황제 자리에 있었는데 당시 실세인 근위대의 지원을 받지 못해 아무것도 할 수 없었다. 그가 암살을 당하면서 시도하던 개혁도 물 건너갔다.

디디우스 율리아누스(재위 193),
셉티미우스 세베루스(재위 193~211)

이제 근위대는 로마 제국의 황제 자리를 경매에 부쳤다. 그리고 가장 높은 가격을 제시한 부유한 원로원 의원 디디우스 율리아누스에게 황제의 관을 씌워 주었다. 율리아누스는 2만 명의 근위대 병사들에게 각각 약속한 일정 금액을 지불했다. 하지만 비싼 명예를 두 달간 누리다가 자리에서 물러나 처형당하고 만다.

그 사이에 여러 명의 군인이 각자 자기가 거느리는 부대에 의해

셉티미우스 세베루스 황제

황제로 추대되었다. 그중 하나가 북아프리카 출신의 셉티미우스 세베루스였는데, 다뉴브 강 근처 부대의 지휘관이었다.

세베루스는 유능한 군인이었다. 그는 기존의 근위대를 무장 해제시키고 로마 밖으로 추방했다. 그런 다음 5만 명의 로마군을 자신의 근위대로 삼았다. 이 근위대를 지휘하는 대장에게는 황제 다음가는 입법, 사법, 재정에 관한 권한을 부여했다. 원로원의 권한은 거의 모두 박탈해 버렸다.

로마 시를 장악한 세베루스는 이제 파르티아인을 장악하기 위해 군대를 출정시켰고, 메소포타미아와 아라비아 지방을 손에 넣었다. 203년에는 이 승리를 기념해 포룸 앞에 아름다운 개선문을 세웠다. 후에 칼레도니아인과의 전투를 준비하다가 브리타니아의 에보라쿰(요크)에서 죽었다.

셉티미우스 세베루스의 개선문

카라칼라, 마크리누스, 헬리오가발루스

세베루스는 두 아들과 공동으로 로마 제국을 통치했다. 아버지가 세상을 떠나자 두 아들은 황제 자리를 놓고 서로 싸우다가 형 카라칼라가 동생을 죽이고 말았다. 그것도 어머니가 보는 앞에서 말이다.

카라칼라(재위 211~216)는 피에 굶주린 잔혹한 황제였다. 그도 통치한 지 오래되지 않아 근위대 대장에게 암살당했다. 카라칼라는 자기 이름을 따서 유명한 카라칼라 목욕장을 만들기 시작했는데, 지금도 대규모의 유적으로 남아 있다. 카라칼라의 뒤를 이어 마크리누스가 즉위했고, 1년 뒤에 다시 헬리오가발루스(재위 218~222)가 황제 자리에 올랐다. 예전에 태양신의 제사장직을 맡았

카라칼라 목욕장

던 헬리오가발루스는 최초로 동방 출신의 황제가 되었다. 하지만 그의 최후 역시 앞선 황제들과 다를 바 없었다. 반란을 일으킨 근위대에게 암살당하고 만다.

알렉산데르 세베루스부터
'30인 폭군의 시대' 까지(222~268)

알렉산데르 세베루스(재위 222~235)는 성품이 좋고 능력도 뛰어난 인물이었다. 그는 제국의 쇠락을 막고자 애썼지만 모든 것이 허사로 돌아갔다. 이미 군대가 모든 권력을 쥐고 있었기 때문에 사실상 어떤 일도 할 수 없었다. 그의 통치 기간에 카라칼라 목욕장이 완성되었다.

세베루스는 막시미누스가 이끄는 반란 세력에게 죽임을 당했다. 막시미누스(재위 235~238) 역시 3년간 황제 자리에 있다가 반란 세력에게 암살당했다.

그 뒤를 이은 고르디아누스(재위 238~244)는 에우프라테스에서 파르티아와 교전 중에 자기편 군인에게 살해당했다. 필리푸스(재위 244~249)와 데키우스(재위 249~251)도 전장에서 죽었다. 데키우스의 치세 기간에는 그 어느 때보다 기독교도에 대한 탄압이 심했다.

이후 251년부터 268년까지 17년 동안 로마는 대혼란을 겪는다. 각지에 주둔하고 있던 장군들이 서로 황제라고 선포했다. 제국은 거의 파멸 지경에 이르렀다. 이 시기를 보통 '30인 폭군의 시대'라고 부른다.

5인의 현제(268~283)

　5인의 현제(앞서 살펴본 '오현제'와 다름)가 나라를 다스리면서 무너진 로마를 다소 회복시킬 수 있었다. 여기서 5인의 현제는 클라우디우스(재위 268~270), 아우렐리아누스(재위 270~275), 타키투스(재위 275~276), 프로부스(재위 276~282), 카루스(재위 282~283)를 말한다.

　아우렐리아누스는 팔미라 왕국의 여왕 제노비아와 맞서 싸우기 위해 군대를 일으켰다. 그는 그녀가 정치적 능력이 뛰어난 인물임을 알게 되었다. 전투에서 패배한 제노비아는 다시 한 번 힘을 모으지만 결국 포위 공격으

아우렐리아누스 방벽

로 무너지고 만다. 제노비아는 로마에 포로로 끌려왔으나 처형 당하지 않고 나중에 로마 근교에서 여생을 보낼 수 있었다. 아우렐리아누스는 처음으로 로마에 방벽을 세우기도 했는데, 지금까지 남아 있다.

디오클레티아누스(재위 284~305)

디오클레티아누스가 황제에 오르면서 로마의 옛 공화정의 흔적도 완전히 사라졌다. 그나마 명맥을 이어 오던 원로원이 사실상 제 기능을 상실했기 때문이다. 디오클레티아누스는 제국의 통합적이고 확고한 통치 체제를 세우기 위해 군인 출신 막시미아누스와 공동으로 제국을 통치했다. 막시미아누스는 예전에 갈리아 지방에서 일어난 봉기를 진압하면서 이름을 날렸다.

로마의 두 정제(正帝)인 디오클레티아누스와 막시미아누스는 각각 동방 지역과 서방 지역을 맡아 다스렸다. 디오클레티아누스는 또 두 명의 부제(副帝)를 세웠는데, 이들이 갈레리우스와 콘스탄티우스이다. 전자는 동방 지역, 후자는 서방 지역을 맡았다. 이처럼 제국을 분할 통치하면서 디오클레티아누스는 사방에서 일어나는 모든 봉기와 반란을 진압했고, 쇠락해 가던 제국의 권위를 다시금 끌어올리며 평화와 안정을 기할 수 있었다.

그 뒤 디오클레티아누스와 막시미아누스는 황제 자리에서 내려오고 두 부제를 정제로 임명했다. 그리고 두 사람은 고문 역할을 하기 위해 다시 부제로 임명되었다.

하지만 콘스탄티우스가 취임 직후 죽게 되자, 그의 아들 콘스탄티누스가 부제로 임명되었다. 갈레리우스가 이에 반대해 치열한 다툼이 벌어졌고, 결국 콘스탄티누스는 모든 정적을 제거하고 단독으로 황제가 되었다. 그는 많은 업적을 남기며 '대제(大帝)'라는 칭호까지 얻게 되었다.

콘스탄티누스 대제(재위 306~337)

콘스탄티누스는 제2의 수도를 건설하고자 했다. 그는 비잔티움이 제국의 수도로 가장 적합하다고 생각했다. 삼면이 바다로 둘러싸여 있고 '골든 혼(Golden Horn)'이라 불리는 만(灣)을 끼고 있어 난공불락의 요새이자 천혜의 항구였다. 기존의 수도인 로마가 가지고 있지 못한 특징이기도 했다. 수도 건설 사업은 야심차게 진행되었다. 새로운 수도의 이름은 콘스탄티누스의 이름을 따서 '콘스탄티노플'이라고 지었다. 시민들을 그곳으로 이주시키기 위해 온갖 장

콘스탄티누스 대제

니케아 공의회

려 정책도 추진했다. 서로마 제국이 야만족의 침입으로 멸망한 뒤로도 콘스탄티노플(이후 '이스탄불'로 개칭)은 동로마 제국의 수도로 1,000년을 유지했다. 콘스탄티누스는 30년을 통치한 뒤 64세를 일기로 세상을 떠났다.

콘스탄티누스는 제국의 기독교도들에게 한결같이 우호적인 태도를 취했다. 일설에 따르면 콘스탄티누스의 어머니 헬레나가 독실한 기독교도였기 때문에 그 영향을 받은 것이라고 한다. 수없이 박해를 받았음에도 불구하고 기독교도들의 수는 계속 증가해 무시 못할 세력을 이루게 되었다. 기독교를 제국의 종교로 공인하는 '밀라노 칙령'도 콘스탄티누스 치세 기간인 313년에 발표되었다. 또 콘스탄티누스는 325년에 비티니아에서 니케아 공의회* 를 열어 교리 문제를 의논하여 결정했다.

콘스탄티누스는 체구가 크고 위풍당당했다. 그는 전쟁 기간에는 호전적이며 용감무쌍했고, 평화 시기에는 너그럽고 인정

이 많았다. 회의할 때는 인내심을 가지고 신중하게 사안을 점검했으며, 결정 사항을 집행할 때는 강하게 밀고 나갔다. 어머니에 대한 효심은 지극했지만, 권력의 암투 과정에서 장인과 처남, 심지어 아내와 아들까지 죽일 만큼 잔혹한 면도 보였다.

제국의 쇠락

콘스탄티누스 대제가 죽고 그의 세 아들, 콘스탄티누스 2세, 콘스탄티우스, 콘스탄스가 제국을 분할해 통치했다(재위 337~353). 콘스탄티누스 2세와 콘스탄스는 집

* 기독교 공인 후 로마에서 열린 최초의 전체 회의이다. 이 회의에는 각지의 주교 318명이 모였다고 전해지며, 예수 그리스도의 신성(神性)을 부인한 아리우스의 주장을 이단으로 규정한 것이 주요 결의 내용이었다.

제국 말기 퇴락한 로마인들(토마스 쿠튀르 作)

권하자마자 바로 이탈리아의 소유권을 두고 다투다가 결국 형 콘스탄티누스 2세가 죽으면서 싸움이 끝났다. 콘스탄티우스와 콘스탄스는 그럭저럭 다툼 없이 지냈는데, 이유는 콘스탄티우스가 다스리던 동방 지역에서 페르시아 전쟁이 일어났기 때문이다. 그 사이 콘스탄스는 나태하고 방탕한 생활을 즐겼다. 350년 콘스탄스가 살해당하면서 콘스탄티우스가 제국 전체의 단독 황제가 되었다. 그도 10년 후에 세상을 떠났고, 사촌인 율리아누스가 황제의 자리를 넘겨받았다.

율리아누스(재위 360~363)는 훌륭한 군인이었고 사람들에게 사랑과 존경을 받는 인물이었다. 하지만 로마의 옛 종교를 부활시키려다가 '배교자 율리아누스'라는 별명을 얻기도 했다. 이미 로마에는 기독교 세력이 강고했기 때문에 웬만해서는 흔들리지 않았다. 율리아누스가 실패하자 이후로는 누구도 그러한 시도를 꿈꾸지 않았다. 율리아누스는 제국을 3년간 통치했고 페르시아 원정 기간에 목숨을 잃었다. 후계자인 요비아누스(재위 363~364)는 군대에 의해 황제로 추대되었고 7개월간 통치하다가 세상을 떠났다.

뒤를 이은 발렌티니아누스 황제는 형제인 발렌스와 공동으로 제국을 통치했다(재위 364~375). 제국을 반으로 쪼개, 발렌스는 콘스탄티노폴리스(우리에게 잘 알려진 콘스탄티노플은 콘스탄티노폴리스의 영어식 표현이다)를 수도로 삼아 동방 지역을 다스렸고, 발렌티니아누스는 밀라노를 수도로 정해 서방 지역을 이끌었다. 이제 로마 시는 옛 위상을 완전히 잃어버렸다. 발렌티니아누스가 다뉴브 강에서 군사 활동을 벌이다가 목숨을 잃자, 아들

인 그라티아누스(재위 375~383)가 아버지의 뒤를 이었다. 그라티아누스는 이교도의 활동을 막고 기독교를 장려한 덕분에 통치 기간에는 기독교가 급속하게 성장했다. 그의 삼촌인 발렌스는 고트족과 싸우다가 전사했다. 그런데 이때부터 동로마 제국과 서로마 제국이 완전히 분리되어 그라티아누스는 제국의 단독 황제가 되지 않고, 대신 테오도시우스(재위 379~395)가 동로마 제국의 황제 자리에 올랐다.

그라티아누스 역시 앞선 황제들처럼 부하의 배신으로 세상을 떠났다. 그라티아누스의 뒤를 이른 막시무스(재위 383~388), 발렌티니아누스 2세(재위 388~392), 에우게니우스(재위 392~394)도 자리에 오른 지 얼마 되지 않아 쫓겨나거나 암살당했다. 그 후 1년간 동로마 제국의 테오도시우스가 서로마를 포함한 제국 전체를 다스렸다. 그가 죽자 두 아들이 제국을 다시 분할했다. 호노리우스(재위 395~423)가 서로마 제국, 아르카디우스가 동로마 제국을 통치했다.

호노리우스는 어린 나이(6세)에 황제 자리에 올랐다. 이 때문에 황제의 호위대장이자 반달족 출신 장군인 스틸리코의 보좌를 받았다. 스틸리코는 유능한 장군이었다. 라인 강과 브리타니아 지방에 침범한 반달족을 몰아내고, 아프리카 지방에서 일어난 봉기를 일거에 진압했다. 호노리우스는 유약했지만 시기심은 강했다. 권력을 행사할 수 있을 정도로 나이를 먹자 지체 없이 스틸리코를 제거했다. 그러나 스틸리코의 죽음과 함께 호노리우스의 운도 다했다. 410년 로마가 서고트족의 초대 왕 알라리크에 의해 함락되고 말았다. 로마에 재앙이 휩쓸고 지나가자 수많은 야만족들이 여기저기서 영토를 침범해 들어오기 시작했다.

호노리우스의 뒤를 이어 즉위한 발렌티니아누스 3세(재위 423~455)는 꽤 오랫동안 황제 자리를 지켰다. 하지만 제국은 옛 초기 모습으로 돌아가고 말았다. 실제로 갈리아와 에스파냐, 브리타니아 지방을 상실했다. 일리리아와 파노니아는 고트족의 손에 넘어갔고, 북아프리카도 곧 반달족이 점령해 버렸다. 발렌티니아누스 3세는 스키타이 태생인 아이티우스라는 훌륭한 장군을 두고 있어 그나마 다행이었다. 아이티우스는 '마지막 로마인'이라 불리기도 했다. 하지만 곧 무자비한 주인에게 암살당하고 만다. 이후 몇 달이 지나 455년에 황제 자신도 원로원 의원 막시무스에게 살해당했다.

막시무스는 황제의 자리를 찬탈했지만 3개월 만에 사망했다. 뒤이어 갈리아의 귀족 출신인 아비투스(재위 455~456)가 황제 자리에 올랐다. 하지만 수에비족 출신인 리키메르*가 아비투스를 퇴위시켰다. 뛰어난 능력을 가진 리키메르는 한동안 제국을 쥐락펴락했다. 아비투스를 제거하고 10개월 뒤에 후임 황제로 마요리아누스(재위 457~461)를 추대했다. 다시 세베루스가 그 뒤를 이었는데 심성이 약해 리키메르의 계획을 거역하지 못했다.

465년 세베루스가 죽고 약 2년 동안 황제 자리가 비었다. 이때 리키메르가 로마의 실권을 장악했다. 하지만 사람들이 황

제를 요구하는 바람에 리키메르는 안테미우스(재위 467~472)를 황제로 옹립했다. 안테미우스는 자신의 딸을 리키메르에게 시집보내 자신의 입지를 다지고자 했다. 하지만 두 사람 사이에 불화가 생겨났고, 결국 리키메르는 야만족을 불러들여 함께 로마를 함락하고 안테미우스를 죽였다. 얼마 있지 않아 리키메르도 병으로 세상을 떠났다.

이후 이름뿐인 황제들이 이어지다가 마지막으로 476년에 동로마 제국의 황제 제노가 서로마 제국의 황제 직위를 폐지한다고 선포했다. 그리고 서로마 제국을 정복한 게르만의 용병대장 오도아케르에게 이탈리아의 지배권을 사실상 인정했다.

* 리키메르는 외국인이자 아리우스파 기독교도였기 때문에 로마 제국의 황제가 될 수 없었다. 대신 꼭두각시 황제들을 앞에 세워 두고 뒤에서 실질적인 권력을 행사했다.

야만족의 침입

로마 제국이 야만족에게 정복당하는 과정은 역대 황제의 이야기 속에 포함시키기보다 별도의 지면에서 살펴보는 게 좋을 것 같다. 그래야 서로마 제국이 분할된 이후 초기 중세 유럽이 형성되는 과정을 좀 더 명확하고 종합적으로 이해할 수 있기 때문이다.

아시아 동쪽 지역에서 나타난 훈족*은 로마 제국으로 야만족이 밀려 들어오게 만든 장본인이었다. 훈족이 서쪽으로 이동을 시작하자 이 행렬을 멈출 수가 없었다. 결국 395년에 훈족은 다뉴브 강 북쪽에 거주하는 고트족과 만났고, 일대 접전을 벌인 끝에 고트족을 패배시켰다.

고트족은 크게 동고트족과 서고트족으로 이루어져 있었다. 이 중 동고트족이 더 강했지만, 호전적인 훈족 앞에서는 두 손을 들 수밖에 없었다. 훈족은 계속 서쪽으로 이동했고 서고트족

게르만족의 대이동

도 별 어려움 없이 제압했다. 훈족의 무시무시한 외모와 우렁찬 고함 소리에 놀란 서고트족 사람들은 다뉴브 강 쪽으로 달아나기 바빴다. 서고트족은 로마 정부에 다뉴브 강을 건너 로마 영토로 피신할 수 있게 해 달라고 간청했다. 로마는 호의를 베풀었지만, 이들 망명객들은 모진 수모를 당하고 궁핍한 생활을 해야 했다.

나중에는 동고트족의 일부도 다뉴브 강 유역으로 와서 강을 건널 수 있게 해 달라고 요청했다. 하지만 로마는 허용하지 않았다. 그럼에도 이들은 무단으로 배를 훔

* 중앙아시아의 스텝 지대에 거주하던 투르크족 계통의 유목 기마 민족이다. 4세기 중엽부터 서방으로 이동해 '게르만족의 대이동'을 유발하였다.

알라리크

스틸리코

쳐 강을 건넜다. 동고트족은 동포인 서고트족의 처절한 현실을 보며 울분을 터뜨렸다. 결국 두 민족은 힘을 합쳐 로마군을 물리쳤고 트라케 지방을 쑥대밭으로 만들어 놓았다. 378년 황제 발렌스가 이때 전투에 참가했다가 패배했다. 고트족은 남서쪽으로 이동해 그리스 지방으로 들어갔고 여기저기서 약탈을 일삼았다.

황제가 된 테오도시우스는 신중하게 행동했다. 적을 지켜볼 수 있는 위치에 거점을 마련하고 공격하기 가장 좋은 시기를 선택했다. 마침내 테오도시우스는 적의 진지를 급습해 완벽한 승리를 거두었다. 고트족은 제국에 종속된 상태에 머물게 되었고, 이렇게 해서 야만족의 침입 첫 번째 라운드가 끝이 났다.

이제 로마의 멸망과 관련된 두 인물, 알라리크와 스틸리코를 만나 보자.

395년 테오도시우스는 아르카디우스에게 황제의 자리를 물려주었는데, 그해 말 알라리크의 주도하에 고트족이 반란을 일으켰다. 아테네인들은 엄청난 몸값을 지불해야 했고, 코린트, 아르고스, 스파르타는 약탈을 당했다. 어느 도시도 이들을 막아낼 만큼 충분히 굳세지 못했다. 이때 서로마 제국의 장군인 스틸리코는 현장으로 급히 달려가 고트족을 포위하는 데 성공했다. 하지만 알라리크는 포위선을 뚫고 달아나 버렸다. 이후 콘스탄티노폴리스와 강화 조약을 맺고 일리리쿰의 총독 자리를 얻었다. 그리고 2년도 채 되지 않아 이탈리아를 침공했다.

서로마 제국의 황제인 호노리우스는 너무도 유약해 스틸리코와 같은 귀재도 어찌할 도리가 없었다. 알라리크가 접근해 온다는 소식을 듣자마자 호노리우스는 제국의 운명을 스틸리코에게 맡기고 자신은 안전한 곳으로 피신했다. 스틸리코는 브리타니아, 갈리아 등 여러 속주에 주둔하고 있던 부대를 모조리 소환했다. 갈리아 지방으로 도망가던 호노리우스는 알라리크의 기습 공격을 받고는 아스타라는 도시로 몸을 숨겼다. 스틸리코는 아스타를 포위하고 있던 알라리크 부대와 혈투를 벌인 끝에 적군을 완패시켰다. 퇴각한 알라리크 부대는 베로나를 공격하려 했지만 이번에도 패배했고, 알라리크는 홀로 말에 의지해 빠르게 도망쳤다. 404년 호노리우스는 로마로 돌아와 개선식을 거행했다.

하지만 로마는 고트족과의 싸움에서 이겼다고 자축하고 있을 여유가 없었다. 새로운 적이 제국을 위협하고 있었기 때문이다.

서쪽으로 밀고 들어오던 훈족은 발트 해 연안에 거주하는 북방 게르만족을 몰아냈다. 이들 게르만족에는 알란족, 수에비족, 반달족, 부르군트족 등이 포함되었다. 라다가이수스는 20만 명에 이르는 게르만족을 이끌고 이탈리아를 침략했다. 406년 게르만족은 플로렌스 지방에서 스틸리코와 맞붙어 싸워 패배했고, 이때 라다카이수스도 전사했다. 살아남은 사람들은 오던 길로 되돌아 갈리아 지방으로 들어갔고, 부족별로 흩어졌다. 부르군트족은 갈리아 변경 지역에 정착했는데, 프랑스 동부에 있는 부르고뉴 지방의 이름이 이 부족에서 유래했다.

알란족, 수에비족, 반달족은 에스파냐로 밀고 들어가 그곳에 각자 왕국을 세웠다. 알란족은 피레네산맥 기슭에 있는 지역을 차지했지만, 곧 서고트족에게 정복당했다. 수에비족은 에스파냐 북서부에 자리를 잡았는데, 알란족과 같은 운명에 처해졌다. 반달족은 에스파냐 남부 지역을 차지했다가 아프리카로 건너갔다. 뒤에서 보겠지만, 그들은 아프리카에서 한 세기 정도 머물며 힘을 기른 뒤에 로마 시를 함락했다.

로마는 당분간 야만족의 침입을 받지 않았다. 이제 스틸리코가 더 이상 필요하지 않게 된 황제는 그가 황제의 자리를 노린다는 거짓말에 쉽게 넘어갔다. 스틸리코는 동료들과 함께 처형을 당하고 말았다. 스틸리코의 죽음과 함께 로마도 몰락했다. 그가 죽은 지 2개월도 채 되지 않아 알라리크가 다시 로마 앞에 모습을 드러냈다. 알라리크는 로마 시를 포위해 항복하게 만들 작정이었다. 도시 안에는 기근이 들고 전염병이 창궐했다. 결국 로마는 엄청난 배상금을 지불하고 평화 관계를 맺었다. 알라리크는 물러났지만 곧 다시 돌아왔다. 410년 8월 24일, 로마 시는 거의 8세기 만에 두 번째로 야만족에게 넘어가고 말았다.

로마를 함락한 야만족(조셉-노엘 실베스트르 作)

로마 시는 5일 내내 야만족에게 약탈당했다. 그 후 알라리크는 로마 주변 지역도 정복하기 위해 길을 나섰다. 하지만 이 위대한 지도자의 날도 얼마 남지 않았다. 그

훈족의 왕 아틸라(유진 들라크루아 作)

해 말 스틸리코가 죽기 전에 르와르 강과 론 강부터 지브롤터 해협에 이르는 왕국을 건설했다.

425년경 클로디온 왕이 이끄는 게르만족은 부르군트족과 서고트족처럼 영토를 확장하기 시작했다. 그들은 라인 강에서 솜

강에 이르는 모든 지역을 자신의 영토로 확고히 굳히고
'프랑크 왕국'이라 불렀다. 이 지역은 오늘날의 프랑스
에 해당한다.

클로디온에게는 두 아들이 있었는데 왕위 계승을 두
고 서로 다투었다. 마침내 형은 훈족에, 동생은 로마에
도움을 요청했다.

당시 훈족은 '신의 재앙'이라 불리는 아틸라가 이끌고
있었다. 아틸라는 전형적인 동양인의 외모를 가지고 있
었다. 머리가 크고 얼굴색은 어두운 편이었다. 눈은 작
고 깊숙했으며, 납작한 코에 수염이 덥수룩하게 났다.
키는 작았지만 어깨는 떡 벌어지고 몸이 단단해 보였다.
바로 이 사나이가 50만 대군을 마음대로 좌지우지했다.

훈족의 길고긴 행렬이 라인 강에 도달했다. 그들은 강
을 건너 계속 진군했고 가는 길에 눈에 띄는 도시는 모
조리 쑥대밭으로 만들어 놓았다.

서고트족의 왕 테오도리쿠스는 아이티우스가 이끄는
로마군과 연합해 오를레앙에서 훈족과 맞서 싸웠다. 아
틸라는 샬롱으로 퇴각했고 451년에 그곳에서 서유럽 문
명을 지키는 거대한 진투가 벌어졌다. 아틸라는 로마군
과 서고트족에 맞서 용감하게 싸웠다. 그러나 서고트족
이 적군을 쩔쩔매게 만들었고, 아이티우스도 결코 적군
의 승리를 허락하지 않았다. 훈족은 뒤로 물러나 이탈리
아로 곧장 향했다. 이 '신의 재앙'은 먼저 이탈리아의 아
퀼레이아를 함락시켰다. 아틸라는 그 지역에서 돈을 바

치고 항복하는 사람들만 살려 주었다.

'신의 재앙'은 다시 베네치아로 향했다. 훈족이 온다는 소식에 베네치아 사람들은 아드리아 해의 안전한 섬으로 피신했다. 그러나 453년 아틸라는 혈관 파열로 목숨을 잃었고, 그의 죽음과 동시에 거대한 훈족 제국도 사라지게 되었다.

앞서 보았던 반달족은 아프리카에 정착했다. 게이세리쿠스가 반달족의 왕이 되었다. 반달족은 카르타고를 주요 거점으로 삼았고, 함대를 이끌고 지중해 주변을 계속 약탈했다.

455년 로마 황제 막시무스는 그가 죽인 선황제 발렌티니아누스의 미망인 에우도키아와 강제로 결혼했다. 에우도키아는 이 수모를 앙갚음하기 위해 반달 왕국의 게이세리쿠스에게 로마 시를 공격할 수 있도록 비밀리에 전갈을 보냈다. 게이세리쿠스는 즉시 티베르 강 하구로 배를 몰아갔다. 455년 6월 마침내 반달족은 로마 시를 점령했고, 보름에 걸쳐 도시를 있는 대로 약탈하고 파괴했다. 게이세리쿠스는 에우도키아와 함께 로마에 머물렀다.

로마 시가 야만족에게 마지막으로 약탈당하고 20년이 지난 476년, 마침내 로마 천 년의 장대한 드라마가 대단원의 막을 내렸다.

로마사 연표

연도	약사

기원전

1500경	이탈리아 아펜니노 문화 시대(청동기 시대) 시작
1100경	이탈리아 빌라노바 문화 시대(초기 철기 시대) 시작,
	에트루리아인이 이탈리아반도에 정착
753경	『아이네이스』에 따르면 로물루스가 로마 시 창건
600경	로마 성립
510경	공화정 수립
494	성산 사건 발생, 호민관직과 평민회 성립
493	라티움 동맹과 로마시가 방위 조약 체결
451	최초의 성문법인 12표법 제정
390	켈트족이 에트루리아에 침입하고 로마 공격
367	리키니우스–섹스티우스 법 성립
343	제1차 삼니움 전쟁 발발, 로마가 카푸아를 자치 도시로 삼음
340	라티움 전쟁 발발
338	로마가 라티움 전쟁에서 승리, 라티움 동맹 해체
326	제2차 삼니움 전쟁 발발
298	제3차 삼니움 전쟁에 승리한 로마가 이탈리아 중부 정복
295	센티눔 전투에서 로마 승리
287	호르텐시우스 법 제정으로 평민 권력 신장
275	로마가 피로스 전쟁에 승리하고 이탈리아 패권 차지
272	로마가 타렌툼을 점령하고 이탈리아 남부 정복
264	제1차 포에니 전쟁 발발, 로마가 카르타고와 강화 조약을 맺고 시칠리아 획득
218	제2차 포에니 전쟁 발발, 카르타고의 한니발이 로마의 동맹시 사군툼 공격
216	카르타고가 로마의 아이밀리우스 파울루스 군대 대파
214	제차 마케도니아 전쟁 발발
202	로마의 스키피오가 한니발 군대 격파
201	카르타고 강화 조약 체결로 카르타고는 해외 영토 상실, 거액의 배상금 지불
200	제2차 마케도니아 전쟁 발발, 로마가 키노스세팔라이 전투에서
	필리포스 5세 격파(기원전 197)
183	카르타고의 한니발 자살
168	피드나 전투에서 로마의 아이밀리우스 파울루스가 페르세우스 격파
150	제4차 마케도니아 전쟁 발발
149	제3차 포에니 전쟁 발발
146	카르타고 멸망, 마케도니아 왕국이 로마의 속주로 전락
143	누만티아 전쟁 발발
133	그라쿠스 형제의 농자 개혁 실시
111	유구르타 전쟁 발발, 로마에 농지법 성립
107	마리우스의 군제 개혁 단행
100	마리우스가 여섯 번째로 콘술에 임명됨, 퇴역 군인에게 토지 분배
91	동맹시 전쟁 발발, 이탈리아의 자유민에게 로마 시민권 부여
90	카이사르가 율리우스 법 실시
88	원로원과 술라가 결탁하여 마리우스 추방
83	술라가 로마에서 독재 정치 시행
73	스파르타쿠스의 난 발생
70	폼페이우스와 크라수스가 집정관에 선출됨
60	카이사르, 폼페이우스, 크라수스의 제1차 삼두 정치 실시
59	카이사르가 집정관에 선출됨
58	카이사르가 갈리아 원정 개시
48	카이사르가 파르살루스 전투에서 승리, 폼페이우스가 이집트에서 암살당함
44	브루투스와 카시우스가 카이사르를 암살함
43	옥타비우스, 안토니우스, 레피두스의 제2차 삼두 정치 실시

42	안토니우스가 필리피 전투에서 브루투스와 카이우스 군대 격파
31	옥타비우스가 악티움 해전에서 안토니우스 격파
30	안토니우스와 클레오파트라 자살
27	옥타비우스가 아우구스투스 칭호 받음, 로마 제정 수립

기원후

9	토이토부르크 전투 발발
14	티베리우스 즉위, 율리우스-클라우디우스 황조 시작
37	칼리굴라 즉위
41	클라우디우스 즉위
54	네로 즉위
60	바울이 로마에서 전도 활동함
64	로마 시 대화재 사건, 주범으로 기독교도 지목하고 박해
69	베스파시아누스 즉위, 플라비우스 황조 시작
79	티투스 즉위, 베수비오스 화산 폭발
81	도미티아누스 즉위, 게르마니아 지방 일부 정벌
96	네르바 즉위, 오현제 시대 시작, '로마의 평화(Pax Romana)' 시대 시작
98	트라야누스 즉위, 다키아 점령, 대규모 공사 시행, 이 무렵 로마 제국 최대 판도 형성
115	하드리아누스 즉위, 국토 유지를 위한 평화 정책 시행, 동방 지역 정복을 포기하고 국경 방어 강화
138	티투스 아우렐리우스 안토니우스 피우스 즉위
161	마르쿠스 아우렐리우스 안토니누스 즉위, 오현제 시대 끝남(180)
165	기독교 교부 유스티누스의 순교
180	콤모두스 즉위, 폭압 정치를 일삼아 암살당함(192)
193	셉티미우스 세베루스가 군대의 지지로 즉위
211	카라칼라 즉위, 제국 전 주민에게 시민권 인정, 카라칼라의 목욕장 건립
218	헬리오가발루스 즉위
231	알렉산드르 세베루스 즉위, 전제 정치가 극에 달함
258	갈리아가 독립적인 제국으로 발전
270	아우렐리아누스 즉위, 갈리아 제국과 팔미라 왕국을 멸망시킴
284	디오클레티아누스 즉위
293	4분령 통치 체제 시작, 막시미아누스를 서방 지역의 정제로 임명
305	디오클레티아누스와 막시미아누스 퇴위
313	콘스탄티누스 대제 즉위, 동방의 군주 체제로 변화, 밀라노 칙령으로 기독교 공인
325	니케아 공의회 개최
330	콘스탄티누스 대제가 로마의 수도를 콘스탄티노폴리스로 옮김
361	율리아누스 즉위, 이교 부활
375경	게르만족의 이동 시작
379	테오도시우스 즉위, 기독교 국교 선포
395	동서 로마 제국 분열
453	훈족의 아틸라 죽음
455	반달족의 로마 시 점령
476	서로마 제국 멸망